FRANZ BRENTANO

Die Lehre Jesu
und ihre bleibende Bedeutung

mit einem Anhange:

Kurze Darstellung der christlichen Glaubenslehre

Herausgegeben aus seinem Nachlasse von
Alfred Kastill

Leipzig / Verlag von Felix Meiner / 1922

Im Digitaldruck »on demand« hergestelltes, inhaltlich mit der ursprünglichen Ausgabe identisches Exemplar. Wir bitten um Verständnis für unvermeidliche Abweichungen in der Ausstattung, die der Einzelfertigung geschuldet sind. Weitere Informationen unter: www.meiner.de/bod.

Bibliographische Information der Deutschen Nationalbibliothek

Die Deutsche Nationalbibliothek verzeichnet diese Publikation in der Deutschen Nationalbibliographie; detaillierte bibliographische Daten sind im Internet abrufbar über ‹http://portal.dnb.de›.

ISBN 978-3-7873-3535-0
ISBN eBook: 978-3-7873-3536-7

Reprint der Ausgabe Leipzig 1922

Zur Einleitung.

Von Prof. Alfred Kastil.

1. Über F r a n z B r e n t a n o, seinen Lebensgang und seine Lebensarbeit, den Einfluß, den er als Lehrer und Forscher geübt hat, und die Erwartungen, die sein reicher wissenschaftlicher Nachlaß auf noch tiefer und weiter ausgreifende Wirkungen seiner Reform der wissenschaftlichen Philosophie eröffnet, gibt ein Buch sachkundige Nachricht, das sein Schüler O. Kraus dem Gedächtnisse des am 17. März 1917 verstorbenen Philosophen gewidmet hat[1]).

2. Aus diesem Nachlasse, dessen allmähliche Veröffentlichung durch einen großzügigen Entschluß des Verlegers der „Philosophischen Bibliothek" gesichert erscheint[2]), werden hier als erster Band einige der religionsphilosophischen Arbeiten veröffentlicht, mit denen sich Brentano in den letzten Jahren seines Lebens in den Pausen zwischen schwierigeren metaphysischen und psychologischen Forschungen, sozusagen zur Erholung seines rastlosen Geistes, beschäftigt hat. Der Anfang wird mit diesen vier Abhandlungen aus keinem anderen Grunde gemacht, als weil es eben die einzigen sind, die der Verfasser selbst druckfertig gemacht und mit einer Vorrede versehen hat. Sie bilden jede ein Ganzes für sich, weshalb nicht darauf Bedacht genommen wurde, Wiederholungen zu vermeiden. Den Titel, unter dem Brentano sie vereinigt hat, hätte er vielleicht bei nochmaliger Prüfung durch einen anderen ersetzt, denn es ist darin eigentlich viel weniger von dem die Rede, was

---

[1]) F r a n z B r e n t a n o. Zur Kenntnis seines Lebens und seiner Lehre, von Oskar K r a u s, mit Beiträgen von Carl S t u m p f und Edmund H u s s e r l. München 1919. Beck. — Vgl. auch Anton M a r t y. Gesammelte Schriften. Bd. I. Halle 1916. Niemeyer.

[2]) Mit der Herausgabe des wissenschaftlichen Nachlasses seines Vaters hat Herr Dr. J o h a n n e s B r e n t a n o Prof. O s k a r K r a u s und mich betraut.

ihm an der christlichen Lehre von bleibender Bedeutung, als von solchem, was ihm daran unhaltbar erschien. Doch hatte er in Wahrheit gar wohl ein Recht, sich hier in bezug auf jene bleibenden Momente kurz zu fassen, da kaum ein anderer Philosoph unserer Zeit durch seine ganze Lebensarbeit so viel wie er dazu beigetragen haben dürfte, den echten Wahrheitsgehalt des christlichen Glaubens zu einem sicheren Besitz philosophischen Wissens zu machen. Das Wesentliche davon ist seiner Überzeugung nach ein Dreifaches: das Grundgebot der christlichen E t h i k , das Gute, wo immer es sich finden mag, unparteiisch nach seinem wahren Werte zu lieben, also an anderen Seelen ebenso wie an unserer eigenen, in der P s y - c h o l o g i e die Lehre von der geistigen Natur des Trägers unseres psychischen Lebens und von der Erhaltung unserer seelischen Persönlichkeit über den leiblichen Tod hinaus, und in der M e t a p h y s i k der erhabene und beseligende Gedanke an einen unendlich vollkommenen Verstand, der die Welt geschaffen hat und sie mit seiner bis ins Einzelne und Entfernteste gehenden Fürsorge durchwaltend zum Guten führt.

Nun sind ja allerdings auch die meisten anderen philosophischen Ethiker auf allerlei Umwegen schließlich bei dem Hauptgebote der christlichen Moral gelandet, aber unverkennbar mehr darum, weil sie es eben von vornherein darauf abgesehen hatten und das Ergebnis eher erschlichen als rite abgeleitet ist. Brentano aber hat es in seinem Buche „Vom Ursprung sittlicher Erkenntnis"[3]) durch zwingende psychologische Analysen einleuchtend gemacht, und ihm allein ist der Nachweis voll gelungen, daß und wie es aus den Quellen unserer natürlichen Werterkenntnis fließt.

Dafür dürften ihm wohl auch solche Dank wissen, die geneigt sind, sein Bekenntnis zum T h e i s m u s nur als störendes Rudiment kirchlicher Gläubigkeit zu deuten. Allein diese Deutung wäre ähnlich verfehlt, wie

---

[3]) V o m U r s p r u n g s i t t l i c h e r E r k e n n t n i s , 2. Auflage, nebst kleineren Abhandlungen zur ethischen Erkenntnistheorie und Lebensweisheit, herausgegeben und eingeleitet von Oskar K r a u s , als Bd. 55 der „Philos. Bibliothek", Leipzig 1921. Meiner.

einst der Wahn des alexandrinischen Juden Philo, die
großen griechischen Philosophen hätten ihre theistische
Weisheit von Moses entlehnt. In Wahrheit hat Brentanos Metaphysik nur den Faden wieder aufgenommen,
der von Anaxagoras über Plato, Aristoteles[4]), Augustinus, Thomas, Descartes, Locke bis zum größten der
deutschen Philosophen, Leibniz, reicht. Kant hatte freilich diesen Faden, erschreckt durch skeptische Einwände Humes, fallen gelassen. Aber Brentano hat
beider Bedenken, die ja nicht nur Metaphysik, sondern auch Naturforschung als Wissenschaft unmöglich
gemacht hätten, als nichtig dargetan und durch seine
an der „Vernunftkritik" geübte Kritik den Weg zu
Leibniz zurück wieder freigemacht. Nicht darauf kommt
es nach diesen Aufklärungen für uns an, von vornherein auf die Gotteshypothese Verzicht zu leisten, sondern vorurteilslos zu prüfen, ob sie den verfeinerten An-
sprüchen Genüge leisten kann, welche die moderne
Naturwissenschaft an das induktive Verfahren stellt, das
auch dabei eingeschlagen werden muß. Brentano hat das
in seinen Vorlesungen über das Dasein Gottes (in Würz-
burg und Wien) durch den Umbau des teleologischen Beweises, der einem Neubau gleichkommt, und durch die
Durchbildung des von Aristoteles nur angedeuteten Kon-
tingenzbeweises geleistet, die den bis dahin vermißten
analytischen Nachweis für die Unmöglichkeit absoluten
Zufalls einschließt und damit auch die Fundamente der
Naturwissenschaft und Psychologie vertieft. In beiden
Beziehungen sei der Leser bis zum Erscheinen dieser
Arbeiten, das der Herausgeber des vorliegenden Bandes
nach Kräften beschleunigen wird, auf die Andeutungen
verwiesen, die Stumpf und Kraus a. a. O. darüber ge-
geben haben. Brentanos Untersuchungen über die
Geistigkeit der Seele und die Aussichten auf ihr
Fortleben nach dem Tode — um auch dieses dritte der
Momente von bleibender Bedeutung an der christlichen
Lehre nicht unerwähnt zu lassen — werden vielleicht

---

[4]) Vgl. B r e n t a n o , Aristoteles' Lehre vom Ursprung des menschlichen Geistes (Leipzig 1911. Veit & Comp.) und B r e n t a n o , Aristoteles und seine Weltanschauung. Leipzig 1911. Quelle & Meyer.

am passendsten in einem Bande, der die psychologischen Nachlaßschriften umfaßt, Platz finden.
Was nun aber die eindringliche Kritik betrifft, die unser Philosoph an den seiner Meinung nach vergänglichen Teilen der Lehre Jesu und der Kirche übt, so wird sie vielleicht in ihrer Art mit dazu beitragen, in den Gemütern den Boden für die Aufnahme des wissenschaftlichen Theismus vorzubereiten; denn so verfehlt die Deutung seiner theistischen Überzeugung als eines Rudimentes abgelegten Kirchenglaubens wäre, so sehr scheint die Vermutung berechtigt, daß bei gar vielen, die heute dem Gottesgedanken hartnäckig widerstreben und lieber zu den kindlichen Erklärungen der alten monistischen Hylozoisten oder gar zu dem unüberlegten Bilde vom Welt-Kaleidoskope greifen, worin unter allen Umständen alles hübsch geordnet erscheinen müsse, diese Theo- und Teleophobie selbst mit der Orthodoxie zusammenhänge, freilich nicht als ein Rest von ihr, sondern als eine Reaktionserscheinung. Da mag sich denn an manchem so Verirrten, wenn er in einem Philosophen vom Range Franz Brentanos mit unbefangener Kritik des Dogmas die tiefste Zuversicht des Gottesgedankens verbunden sieht, ein Wort Bacons in leiser Variation bewährt finden: Oberflächliche Kritik der Religion führt von Gott ab, tiefere zu ihm zurück.

3. Nach diesem Hinblick auf die theistische Weltanschauung Brentanos noch einige Bemerkungen über die Art und Tendenz seiner Auseinandersetzung mit der christlichen: Wer sich an die Fragestellung der liberalen protestantischen Theologen hält, mag befremdet sein, in der Abhandlung über „Jesu Lehre von Gott und der Welt, von seiner eigenen Person und Sendung nach den Evangelien" so gut wie nichts von den Problemen und Ergebnissen der modernen Bibelforschung zu finden. Nun hat Brentano diese keineswegs übersehen oder gering geschätzt, wohl aber hier bewußt davon abstrahiert, weil dieses ökonomische Verfahren von der Art seiner Aufgabe, wie sein Vorwort selbst sie kennzeichnet, gestattet, ja geradezu gefordert ist. Er will nämlich solchen Lesern, die sich dem Evangelium gegenüber in ähnlicher Lage befinden,

wie einst er selbst, zu Hilfe kommen und ihnen zeigen,
wie schon auf Grund des vorliegenden Schrift-
textes der Weg zur Vernunft gefunden werden kann.
Sein leitendes Interesse ist also ein anderes als das der
Jesu-Biographen; er fragt nicht: wie verhält sich das
Bild, das die Schriften des Neuen Testaments vom
Stifter des Christentums zeichnen, zum geschichtlichen
Jesus von Nazareth?, sondern: wie verhält es sich
zum dogmatischen Christusbilde der Kirche? Oder
noch schärfer gefaßt: erfordern die Schriftstellen, wo
von oder für Jesus eine übermenschliche Würde in
Anspruch genommen wird, wenn man sie unter genauer Berücksichtigung des Wortlautes und des ganzen
Zusammenhangs sorgfältig und vorurteilslos zu verstehen sucht, die kirchliche Deutung, daß er sich für
die zweite Person der göttlichen Trinität gehalten habe
oder doch vom Evangelisten dafür gehalten worden
sei? Diese Frage ist es, die dem, der sich im
kirchlichen Glauben zu befestigen oder von ihm zu
befreien sucht, vor allem am Herzen liegt, und es ist
klar, daß sie viel leichter zu beantworten sein wird als
die erste, denn sie zu entscheiden bedarf es weit
weniger an Einzelheiten historischer und philologischer
Gelehrsamkeit, die nur von wenigen Lesern selb-
ständig nachgeprüft werden können, als für die erste,
eine Entlastung, die demjenigen, dem hier jeder Schritt
ins Freie mit dem Gefühle einer niederdrückenden Ver-
antwortung seinem ewigen Heile gegenüber belastet erscheint, ganz besonders willkommen sein muß. Auch
sieht man leicht ein, daß, was für geschichtliche Re-
konstruktionsversuche der Persönlichkeit Jesu ein
schwerer methodischer Fehler wäre, die vornehmliche
Berücksichtigung des Johannes-Evangeliums, für die
bescheidenere Feststellung, daß der evangelische
Christus nicht der trinitarische Gottessohn sein will,
genügt, ja geradezu ein Vorzug ist. Denn welches
Evangelium könnte den Schein, daß dem doch so sei,
eher erwecken als das vierte?[5] Damit soll nicht be-

---

[5] Wer sich über die „Geschichte der Leben-Jesu-Forschung"
orientieren will, findet die ganze berücksichtigenswerte Literatur

stritten werden, daß auch die Leben-Jesu-Forschung selbst wertvolle Anregungen aus Brentanos Interpretation, insbesondere seinen Analysen der Messias- und Logosidee schöpfen könnte. Wellhausen in seinem Kommentare zum vierten Evangelium[6]) findet den, der die Verse 1, 3. 4 verstehen muß, nicht zu beneiden und gibt damit zu, daß ihm selbst der Sinn dunkel geblieben sei. Vielleicht hätte er nach Kenntnisnahme der Erklärung, die hier von den Eingangsworten zum Johannesevangelium gegeben wird, gefunden, daß Brentano dazu zu beglückwünschen sei[7]).

Durfte und mußte sich nach dem Gesagten Brentano im zweiten Abschnitte seine Aufgabe in solcher Weise vereinfacht stellen, so war im dritten ein entgegengesetztes Verhalten geboten. Hier betritt er das apologetische Gebiet mit der Tendenz, die logischen und sachlichen Schwächen in der Verteidigung der christlichen Glaubensansprüche aufzudecken. Um dieses Vorhaben objektiv und zwingend durchzuführen, mußte er sich unter den Apologeten dem stärksten stellen, und man wird nicht umhin können, ihm zuzugestehen, daß ein feinerer und geistvollerer Gegner als Blaise Pascal (1623—1662) kaum zu finden gewesen wäre. Freilich hat der geniale Franzose sein geplantes apologetisches Werk nicht zu vollenden vermocht. Sein Siechtum und früher Tod haben es nicht über Bruchstücke gedeihen lassen, welche Pascals Freunde aus oft schwer entzifferbaren, rätselhaften Andeutungen, so gut es ihre Kräfte zuließen, rekonstruieren und ordnen mußten[8]). Brentano hat sich, um seiner Aufgabe gerecht zu werden, darum veranlaßt gesehen, zunächst gleichsam selber an der Vollendung der Pascalschen Apologie mitzuarbeiten, in-

---

darüber angegeben und gewertet in dem so benannten und soeben bei Siebeck, Tübingen, in 3. Auflage erschienenen Buche Albert Schweitzers.

[6]) Berlin 1908 (Reimer) S. 7.

[7]) S. unten S. 20 ff., 27.

[8]) Vgl. den Bericht, den über diese Herausgebermühen die Vorrede Etienne Périers zur ersten Ausgabe der „Pensées" gibt. S 235 ff. der unten auf S. 46 zitierten Ausgabe. — Eine deutsche Ausgabe von Pascal Pensées ist in Reklams Univers. Bibl. erschienen

dem er, eine Andeutung der Pensées benutzend, durch
die Folge von zwölf Argumenten das Ganze in einen
strafferen, systematischen Zusammenhang brachte und
zudem im einzelnen jedes dieser Argumente noch
präziser und schärfer zu fassen und in seiner Kraft zu
verstärken suchte. Er hat also, ehe er an den Waffen-
gang ging, alles getan, um die Wehr des hochgeach-
teten Gegners ritterlich zu schärfen und dadurch, wie
mir ein katholischer Theologe, dem ich in das Ma-
nuskript Einblick gewährt hatte, zugestand, eigentlich
auch der Apologetik selbst manchen schätzbaren Wink
und jedenfalls Anregungen zur Verbesserung ihres Verfahrens gegeben, auch abgesehen von der eindringlichen
Schärfe und ruhigen Sachlichkeit seiner Gegenargu-
mentation, welche, nach dem Zeugnis desselben theolo-
gischen Freundes, gar sehr darnach angetan sind, die
christliche Apologetik aus ihrem eingefriedeten Schlum-
mer zu wecken oder aus einer gewissen, auch von gebildeten Gläubigen beklagten eingebürgerten Selbst-
genügsamkeit zu höheren und moderneren An-
sprüchen aufzurütteln. Sie würde sich, indem sie der
kritischen Stimme Brentanos Gehör schenkt, auf eine
bei den deutschen Katholiken so hoch angesehene
Autorität, wie die Bischof Kettelers stützen können.
Denn kein Geringerer als dieser hatte s. Z. vor den
Tagen des Vaticanums, als die Wogen des Infallibili-
tätsstreites hoch gingen, die gründlichen Kenntnisse des
jungen Theologen Brentano in Dogmatik und Kirchengeschichte so hoch eingeschätzt, daß er ihn mit der
Abfassung einer Denkschrift[9]) über die strittige Frage
betraute, um sie dann selbst auf der Bischofsversamm-
lung von Fulda vorzutragen, wo sich die anfängliche
Opposition des deutschen Episkopats gegen die Dogma-
tisierung der Lehre von der Unfehlbarkeit des Papstes
organisiert hat.

---

[9]) Das Originalmanuskript dieser Schrift, als deren Autor vielfach
irrtümlich Bischof Ketteler selbst gilt, befindet sich im Nachlasse
Brentanos und soll mit anderen seiner Arbeiten zur Religion und
Religionsphilosophie später veröffentlicht werden. Den richtigen
Sachverhalt kennt auch Fritz Vigener, Ketteler und das Vaticanum
(Forschungen und Versuche zur Geschichte des Mittelalters und der
Neuzeit. Jena 1915. Fischer. S. 666 ff).

4. Ich habe diesem antiapologetischen Werke als Anhang eine Skizze beigefügt, die Brentano an anderem
Orte von der christlichen Glaubenslehre mit klassischer
Objektivität in wenigen meisterhaften Strichen ent-
worfen hat, weil sie mir für das Verständnis der kritischen Ausführungen nützlich erscheint. Wiederholte
Erfahrungen haben mich darüber belehrt, daß die Be-
kanntschaft selbst der gebildeten Gläubigen mit dem
tatsächlichen Inhalte der Kirchenlehre eine recht un-
vollkommene ist. Auch solche, die das Bewußtsein
voller Rechtgläubigkeit haben und um keinen Preis
missen möchten, zeigen sich, auf gewisse belangreiche
Einzelheiten des Glaubensinhaltes aufmerksam gemacht, nicht selten wie von etwas ganz Neuem über-
rascht, und selbst eine sichere Übersicht über das
Wesentliche, wie sie die knappe Skizze Brentanos bietet,
fehlt unter den gläubigen und ungläubigen Laien wohl
den meisten.

Innsbruck, im Juli 1921.

Inhaltsübersicht.

IV. Nietzsche als Nachahmer Jesu.

Anhang.

Vorwort.

Einer eifrig katholischen Familie entstammt, wurde ich dazu geführt, mich dem Priesterstande zu widmen, habe mich aber später von der Kirche getrennt. Nur der Wunsch, den erhabensten Interessen zu dienen, hatte mich bei meiner Berufswahl geleitet. Der spätere Wandel meiner Überzeugungen ließ mich aber erkennen, daß der eingeschlagene Weg unmöglich zu seinem Ziele führen konnte.

Was ich bis dahin innerlich erlebte, dürfte nicht ohne allgemeines Interesse sein; denn ich glaube, daß sehr viele höher veranlagte Seelen ähnliches erfahren haben, obwohl es sich nach außen niemandem offenbarte.

Bei meinem regen Forschungstrieb hatte ich mich früher schon wiederholt bemüht, gewisse Widersprüche, in welchen sich die sog. übernatürliche Offenbarung mit der Vernunft zu finden scheint, in befriedigender Weise zu lösen, da, was gemeiniglich in dieser Absicht vorgebracht wurde, sich als ganz unzulänglich erwies. Da geschah es aber, daß die Erfolglosigkeit meiner Anstrengungen ernste Zweifel an der Wahrheit der betreffenden Dogmen auftauchen ließ. Indem nun der Glaube mir als heilige Pflicht dargestellt worden war, an deren Verletzung sich die Strafe ewiger Verdammnis knüpfen sollte, mußten mir diese Anwandlungen des Zweifels als schwere Versuchungen erscheinen, und ähnlich wie der, welcher bei dem Anblick eines die Lüsternheit reizenden Bildes die Augen schließt, um nicht zu niederen Begierden angeregt zu werden, wandte ich meinen Blick von der vorliegenden Schwierigkeit ab, mit dem Vorhaben, erst später einmal, wenn die Neigung zum Zweifel nicht so mächtig sein werde, die Untersuchung wieder aufzunehmen. Das wiederholte sich abermals und abermals, und so würde es vielleicht nie zu einem entscheidenden Abschluß gekommen sein, da ich mir ja

nie die Vollendung der kritischen Betrachtung gestattete,
wenn nicht ein außerordentliches Ereignis eingetreten
wäre.

Das vatikanische Konzil stand in Aussicht, auf welchem der Streit über die Unfehlbarkeit des Papstes aus-
getragen werden sollte. Hier handelte es sich um eine
Lehre, die noch nicht als Glaubenssatz festgestellt war.
Ein Zweifel daran konnte also nicht als ein Verbrechen
und eine Neigung zum Zweifel nicht als eine gefähr-
liche Versuchung angesehen werden. Und so sah ich
mich denn durch keinerlei Gewissensbedenken behindert, die Frage der rücksichtslosesten Prüfung zu unterziehen, die mich dann zu der sichersten Überzeugung
von der Unwahrheit des geplanten Dogmas führte. Da
nun trotzdem das Konzil sich für das Dogma entschied,
so war nun für mich auch entschieden, daß in diesem
Punkte wenigstens ein kirchlicher Glaubenssatz der
Wahrheit widerspreche. Und daraufhin entschloß ich
mich, alle die Untersuchungen darüber, wie gewisse wenigstens scheinbare Widersprüche lösbar seien, wieder
aufzunehmen und unbehindert von jedem Vorurteil,
durch einen auftauchenden Zweifel Gott zu mißfallen,
zu erforschen, ob der scheinbar genannte Widerspruch
nicht vielleicht in Wirklichkeit bestehe. Auch alles, was
man zu gunsten der Wahrheit des kirchlichen Glaubens
vorgebracht, sollte nun sorgfältig in seiner Bedeutung
geprüft werden.

Das Ergebnis ließ nun nicht lange auf sich warten.
Indem es mich aber dazu führte, aus der kirchlichen
Gemeinschaft auszuscheiden, hat es mich nicht blind dafür gemacht, daß in den kirchlich gläubigen Herzen viel
Gutes wohnt und sich in reichen Werken der Tugend
fruchtbar erweist, und daß auch ich selbst sowohl für ein
so vielfach edles Beispiel, als auch für meine ganze Erziehung auf Grund des Glaubens an eine göttliche Vorsehung und ein nicht auf die enge Erdenzeit beschränktes
Leben zu Dank verpflichtet sei. Und daher kommt es,
daß ich trotz mannigfacher späterer Anfechtungen von
Seite der kirchlich Gläubigen mich meinerseits nie zu
einer feindseligen Handlung bestimmen ließ, ja eine gewisse Ehrfurcht vor der Kirche, die ich selbst noch

aufrichtig hegte, auch in den Herzen anderer zu erwecken und zu erhalten beflissen war.

Die schweren Kämpfe aber, unter denen ich innerlich gar viel gelitten, möchte ich denn doch anderen jugendlichen Seelen, welche nach dem Höchsten streben, erspart sehen. Und dies vorzüglich bewog mich zur Veröffentlichung der hier vereinigten kleinen Abhandlungen. Wenn mich die Vorsehung auf einem vielfach rauhen und dornenreichen Weg geführt hat, so bin ich mit dem mir beschiedenen Los mehr als versöhnt, wenn ich hoffen darf, daß es dazu führen wird, vielen anderen ähnliche Hemmnisse und Leiden zu ersparen.

Was Pascal betrifft, mit dem ich mich in der dritten Abhandlung beschäftige, so brauche ich nicht erst zu sagen, daß ähnliches wie in bezug auf die Kirche auch in bezug auf diesen geistvollsten Apologeten, den sie wohl je gefunden, gilt. Ich bin bei aller Gegnerschaft ein aufrichtiger Bewunderer seines Talentes nicht bloß, sondern auch seines edlen Charakters. Auch glaube ich in ihm in weitgehendem Maße einen Genossen meiner inneren Leiden zu erkennen, und eben dies bestärkt mich in der Vermutung, daß gar viele große Männer, welche nie dazu gekommen sind, sich von dem kirchlichen Glauben loszusagen, ebenso zu meinen Leidensgenossen gehören.

Vielleicht werden manche geneigt sein, die hier vereinigten Abhandlungen zu den modernistischen zu rechnen. Ihnen gegenüber erkläre ich auf das bestimmteste, daß ich dem sog. Modernismus immer gänzlich fern gestanden bin. Ich erkannte wohl in den Edelsten von denen, die an der Bewegung teil nahmen, eine wahre Liebe zur Kirche. Nicht subversiv, sondern konservativ wollten sie bei ihren kühnsten Neuerungen sein, welche nicht weiter gehen sollten, als es nötig schien, um Konflikte zu beheben, die das Ganze des kirchlichen Gebäudes in eine Ruine zu verwandeln drohten. Sie blickten hin auf eine gewisse Evolution, welche die Kirche in ihrer bisherigen Geschichte zeigt, und meinten, ihre Neuerungen als eine Fortsetzung derselben betrachten zu können. Ich dagegen erkannte ohne weiteres, daß es sich hier nicht um eine organische Fortentwicklung zu höherer Lebensstufe, sondern um eine Umbildung handle, die der mythischen Verwandlung von Philemon und Baucis vergleichbar wäre.

Nicht auf modernem Grunde baue ich, sondern stütze mich auf das, was als ältester Besitz uns Menschen gegeben ist, auf das Vermögen axiomatischer Einsicht. Und wo ich Geschichtliches, was sich auf die Lehre Jesu bezieht, behandle, da habe ich mich fast ganz auf die Berichte der Evangelien beschränkt. Nicht Jesus selbst ist ihr Verfasser, und das nimmt ihnen gar vieles von ihrem dokumentarischen Werte. Allein alles was sonst von Berichten vorliegt, hat noch viel weniger Anspruch darauf, als ein verlässiges Zeugnis von dem, was Jesus dachte und wollte, angesehen zu werden. Wo hätte die sog. Tradition auch nur einen originellen Ausspruch Jesu zu denen, welche die Evangelien mitgeteilt haben, wo nur eine Parabel zu den vielen in den Evangelien enthaltenen hinzugefügt? Die Evangelien, mögen sie noch so viel Legendenhaftes erzählen, sind doch das Erzeugnis einer Zeit, die von der Persönlichkeit Jesu den mächtigsten Eindruck empfangen hatte und in welcher sein Geist mehr als in jeder andern in der Masse der Gläubigen lebendig war.

Zürich, Februar 1916.

Franz Brentano.

Die Lehre Jesu und ihre bleibende Bedeutung

Die Sittenlehre Jesu nach den Evangelien.

1. Wie ist nach Jesus die sittliche Erkenntnis zu gewinnen? — Durch göttliche Offenbarung[1]). Und wie wird diese uns zuteil? — Wessen Herz zur Erfüllung des göttlichen Willens bereit ist, der besitzt das Kriterium zur Unterscheidung der wahrhaft göttlichen Lehre[2]).

Auch wird dieselbe durch gottgesandte Männer verkündet, welche als solche durch Wunder und Weissagungen beglaubigt sind[3]) und so insbesondere durch Jesus selbst. „Niemand erkennt den Vater als der Sohn und wem es der Sohn offenbaren will"[4]). So gelangt man denn, wenn man guten Willens ist, durch das, was er als Gottesgebot verkündet, zur Erkenntnis von dem, was sittlich ist.

2. Das ganze Leben muß zu e i n e m Ziel geordnet sein. „Niemand kann zwei Herren dienen"[5]). Dieses Ziel besteht aber nicht in einem niederen, irdischen Gut, wie insbesondere nicht dem Mammon[6]), auch nicht in der Ehre vor den Menschen, so zwar, daß selbst ein sonst lobwürdiges Werk allen seinen sittlichen Wert verliert, wenn es geschieht, um von den Menschen gelobt zu werden[7]). Es besteht nicht sowohl in Gütern des diesseitigen als des jenseitigen Lebens[8]) und umfaßt nicht bloß das wahre Glück unserer eigenen Person, sondern auch das der anderen, obwohl für jeden die Erreichung seiner eigenen Glückseligkeit am meisten als die ihm gesetzte Aufgabe in Betracht kommt. Es besteht in der beseligenden Anschauung Gottes[9]), durch welche wir in der denkbar höchsten Weise Gott ähnlich und seiner unendlichen Vollkommenheit nach Möglichkeit teilhaftig sind.

---

[1]) Joh. 7, 16.   [2]) Joh. 7, 17.   [3]) Joh. 5, 36.
[4]) Matth. 11, 27.   [5]) Matth. 6, 24.   [6]) Matth. 6, 24.
[7]) Matth. 6, 16 ff.   [8]) Matth. 6, 20.   [9]) Matth. 5, 8.

3. Sittliches Gebot ist das, was zur Erreichung dieses Zieles dient. Es gibt dafür viele Vorschriften. Unter allen Geboten aber ist eines das höchste[10]), so daß gesagt wird, daß Moses und alle Propheten von ihm abhangen, und das ist, daß man Gott über alles und den Nächsten wie sich selbst lieben soll. Offenbar liebt, wer dieses Gebot befolgt, alles im Verhältnis zu seiner Güte, das Beste am meisten und das gleich Gute im gleichen Maße[11]). Nur wer so liebt, liebt richtig und ähnlich wie Gott selber liebt, von dem darum einmal gesagt wird, daß er uns mehr liebe als die Pflanzen und Tiere, da wir mehr seien als diese[12]). So partizipiert, wer in dieser Weise liebt und bevorzugt, in gewisser Beziehung an der Vollkommenheit Gottes. Und so heißt es denn auch: „Seid vollkommen, wie euer Vater im Himmel vollkommen ist"[13]).

4. In welcher Weise man diese Liebe in Werken betätigen soll, das wird vielfach und bald im allgemeinen, bald mehr im besonderen erklärt. So heißt es, man solle dem andern tun, wovon man wünsche, daß er es uns tue[14]). Doch scheint dies nicht zu genügen, da der Mensch vielfach sich selbst wünscht, was er sich nicht wünschen sollte und was ihm nicht wahrhaft zum Heile ist. So verkennt er z. B. oft den überwiegenden Wert der geistigen Güter, da doch eben das, was den Menschen von den niederen Lebewesen unterscheidet, ihn, wie zuvor erwähnt wurde, über sie erhebt, und zieht die diesseitigen Freuden den jenseitigen vor. Man muß

---

[10]) Matth. 22, 37 ff.

[11]) Natürlich soll damit nicht gesagt sein, daß tugendhafte und lasterhafte Menschen als solche gleichwertig seien. Was die eigentümliche Natur der menschlichen Seele anlangt, besteht aber, wie auch einmal Pascal bemerkt, kein Unterschied, der die eine als wertvoller gegenüber der anderen erscheinen ließe. Auch die Einflüsse verschiedener physiologischer Bedingungen sind für den, der an die Geistigkeit der Seele glaubt, als etwas Akzidentelles zu betrachten. Die Seele erfährt sie anders in der Zeit der Kindheit und in der Zeit der Reife, in der Zeit eines gesunden und in der Zeit eines zerrütteten Gehirns usw. Da nun die Seelen ihrer Natur nach gleich vollkommen sind, so ergibt sich als Folgerung, daß die eine wie die andere gleich zu werten ist.

[12]) Matth. 10, 31; 12, 12.   [13]) Matth. 5, 48.   [14]) Matth. 7, 12.

also hier auf das, was über den letzten Zweck gesagt worden ist, achten.

5. Die Erfüllung der sittlichen Aufgabe ist schwer; denn die niederen Güter verlocken vom wahren Ziele abzufallen, und der Teufel ist Fürst dieser Welt. Man muß alle Anstrengungen machen. Das Himmelreich leidet Gewalt[15]); und die Gewalt brauchen, reißen es an sich; das Himmelreich gleicht einer kostbaren Perle[16]) oder einem Acker, in welchem man einen Schatz vergraben weiß und wofür man alles, was man besitzt, hingibt[17]), um sie käuflich an sich zu bringen; nur wer sein Leben verliert, wird es gewinnen[18]); man muß sein Kreuz auf sich nehmen[19]); man muß immer über sich wachen[20]); man muß der Versuchung aus dem Wege gehen und wenn es die größten Opfer kostete. „Wenn dein Auge dich ärgert, so reiß es aus und wirf es von dir"[21]). Freilich ist das heilige Leben auch von einer eigentümlichen Freude begleitet, darum sagt Jesus: „Mein Joch ist süß und meine Bürde ist leicht"[22]), aber die Schwierigkeit bleibt trotzdem bestehen.

6. Durch die eigene natürliche Kraft käme der Mensch nie dazu, die Aufgabe zu lösen und die ewige Seligkeit zu verdienen. Nur durch die Gnade Gottes ist es möglich[23]), die aber jedem gegeben wird, der darum bittet[24]).

7. Zu beachten ist, daß die Übung des Guten nicht jedem gleich schwer ist. Von dem Anfänger darf nicht alles das gefordert werden, was für den Vorgeschrittenen Pflicht ist[25]). Man hat infolge davon zwischen Geboten und Räten unterscheiden wollen, doch nach dem Wort, „wer es fassen kann, der fasse es"[26]), scheinen gewisse Anweisungen zu höherer Vollkommenheit für die einen Pflicht, für die anderen nicht einmal Rat. So extreme Armut, Keuschheit, freiwillige Dienstbarkeit und in völliger Konzentration auf die ewigen Interessen verbrachtes Leben. Der Mensch von noch unausgebildeter Tugend hat freilich wie der vor-

---

[15]) Matth. 11, 12.   [16]) Matth. 13, 45.   [17]) Matth. 13, 44.
[18]) Matth. 10, 39.   [19]) Matth. 10, 38.   [20]) Matth. 26, 41.
[21]) Matth. 5, 29; Mark. 9, 47.   [22]) Matth. 11, 30.
[23]) Matth. 19, 26; Mark. 10, 27; Luk. 18, 27. [24]) Matth. 7, 7;
21, 22; Luk. 11, 9.   [25]) Luk. 5, 37 ff.   [26]) Matth. 19, 12.

geschrittene die Pflicht, das Bessere dem minder Guten vorzuziehen. Aber es wäre für ihn nicht das Bessere, allzu große Opfer sich zuzumuten. „Man muß neuen Wein in neue Schläuche gießen."

So ist denn die Lehre Jesu ein sittlicher Optimismus. Wieviel Gutes man auch getan, darf man sich nicht rühmen, mehr als man schuldig war, getan zu haben[27]). Jeder hat seine Kraft voll auszunützen. Auch wer nur e i n Talent empfangen hat, darf es nicht vergraben[28]), aber je mehr einem gegeben ist, um so mehr wird von ihm gefordert[29]).

8. In bezug auf speziellere Regeln wird der Dekalog anerkannt[30]). Gewisse menschliche Satzungen, welche durch angesehene Lehrer hinzugefügt worden sind, werden aber verworfen als nicht im Einklang mit den wahren Geboten Gottes[31]), welche bis ins kleinste befolgt werden müssen[32]). Scheinen diese selbst miteinander zu kollidieren, so hebt sich der Widerspruch durch den Blick auf das höchste sittliche Gebot. Nur dies Verfahren, keine andere Kasuistik ist zu billigen.

9. Der Dekalog erhält vielfach eine Erklärung, umfassendere Ausdeutung und Verschärfung.

10. Das Gebot der Sabbatheiligung verlangt keineswegs eine unbedingte Ruhe. In keinem Fall kann es verboten sein, Gutes und das Bestmögliche zu tun[33]).

11. Das Gebot Vater und Mutter zu ehren, wird gegen Weisungen der Pharisäer, die es entkräftigen würden, geschützt[34]), doch gibt es Fälle, wo eine wichtigere Aufgabe selbst davon abhalten muß, dem gestorbenen Vater die letzte Ehre zu erweisen[35]). So muß man der ergangenen Berufung zum Jünger augenblicklich folgen.

12. Das Gebot, zu töten, verbietet auch jede Verunglimpfung[36]).

13. Das Verbot des Ehebruchs verwehrt auch, das Weib eines anderen lüstern anzusehen[37]). Auch gibt es nicht bloß Rechtsverletzungen des Ehemanns durch das Weib, sondern auch des Eheweibes durch den Mann.

---

[27]) Luk. 17, 9. 10.   [28]) Matth. 25, 15 ff.   [29]) Luk. 12, 48.
[33]) Matth. 12, 12.   [34]) Matth. 15, 6.   [35]) Matth. 8, 21. 22.
[30]) Matth. 19, 18.   [31]) Matth. 15, 6.   [32]) Matth. 5, 19.
[36]) Matth. 5, 22.   [37]) Matth. 5, 28.

So ist es unerlaubt, sein Weib zu entlassen, außer im Falle des Ehebruchs [38]). Gibt dies der Frau eine bessere Stellung als das mosaische Gesetz, so erscheint auch die Entlassung als eine Milderung der Strafe gegenüber der Steinigung, doch soll die Entlassene nie in der Art völlig frei werden, daß nicht eine neue Ehe, ja jeder geschlechtliche Umgang mit einem anderen, solange der Mann lebt, ehebrecherisch wäre [39]). Hierin liegt eine gewisse Verschärfung. Auch ist die Frau dem Manne nicht gleich gestellt, insofern weder die Polygamie noch der geschlechtliche Verkehr mit einer andern als Verletzung ihrer Rechte betrachtet wird.

Durch ein absolutes Verbot der Polygamie würde Jesus in ähnlicher Weise das Eherecht, das für die Erzväter galt, wie das von Moses verdammt haben. Das konnte er nicht wohl tun. Freilich möchte man meinen, Jesus habe, indem er die Entlassung einer Frau außer dem Fall des Ehebruchs verpönte, nicht bloß, wie er sagte, eine mosaische Bestimmung, sondern auch eine, welche bei den Erzvätern galt, mißbilligt, da Hagar ohne einen Ehebruch begangen zu haben von Abraham entlassen worden ist. Daß diese eine Sklavin und Magd Sarahs war, dürfte dies an und für sich nicht entschuldigen, wohl aber, daß ein ausdrücklicher Befehl Gottes vorgelegen haben sollte, ähnlich wie ein solcher sogar zur Tötung des eignen Sohnes Isaak berechtigen, ja verpflichten konnte. Immerhin berührt es seltsam, daß die vor dem Ergehen des göttlichen Gebotes bestehende Abneigung Abrahams, Hagar zu verstoßen, nur auf seine Liebe zu Ismael, nicht aber auf das Gefühl einer rechtlichen Verpflichtung gegenüber Hagar zurückgeführt wird. Allein daß Jesus des Glaubens war, vor Moses habe man die Verstoßung einer Frau, die keinen Ehebruch begangen, nicht für erlaubt gehalten, geht aus seinen Worten deutlich hervor. Hinsichtlich der Polygamie konnte er dagegen unmöglich ähnliches denken, und so konnte er sie nicht als völlig unstatthaft bezeichnen. Insbesondere wäre die Motivierung einer neu einzuführenden streng monogamen Ordnung der Ehe da-

---

[38]) Matth. 5, 32.   [39]) Ebenda.

durch, daß sie ein Symbol der Vereinigung Christi mit
der Kirche sein solle, der ganzen ethischen Betrachtungs-
weise Jesu entgegen gewesen. Er würde sie ebenso
ungehörig gefunden haben, wie die Motivierung der
Sabbatruhe durch die Verbildlichung der Ruhe des
Schöpfers an dem siebenten Tage. Wie er dieser gegenüber sagte: „Ist denn der Mensch wegen des Sabbats?[40])
nicht doch, vielmehr der Sabbat wegen des Menschen",
so würde er auch hier gesagt haben: „Ist denn der Mensch
wegen der Ehe? — nicht doch, vielmehr die Ehe wegen
des Menschen". Daß die Polygamie nicht rätlich, geht
aber schon aus der Empfehlung der extremen Keuschheit hervor. Ausdrücklich wird bemerkt, daß das Motiv
der Entlassung nicht der Wunsch sein soll, eine andere
zu heiraten. Die völlige Unerlaubtheit der Polygamie
ist aber darin nicht ausgesprochen. Das Motiv wird wohl
nur darum im besonderen als ein unstatthaftes bezeichnet, weil es bei der Schwierigkeit vielfachen Haushaltes
besonders häufig zu ungerechter Verstoßung geführt
hatte.

So hat denn nach allem, was wir in den Evangelien
finden, Jesus die Polygamie nicht geradezu aufgehoben,
wie er auch (was unserem Gefühl noch befremdlicher
erscheinen mag) die Sklaverei nicht schlechterdings für
unstatthaft erklärt hat, was unter anderem durch einen
Brief von Paulus an Philemon außer Zweifel gesetzt ist.

Daß Jesus nicht bloß der Ehebruch, sondern auch die
einfache Unzucht als etwas sittlich Verwerfliches erschien, verrät sich in vielen seiner Äußerungen. So in
dem Gespräch mit der Samariterin am Jakobsbrunnen
und in der Bergpredigt, wenn er sagt: „Selig, die reinen
Herzens sind, denn sie werden Gott anschauen". Unter
dem, wovon er sagt, daß es vom Inneren des Menschen
ausgehend ihn verunreinige, nennt er neben dem Ehebruch auch die Hurerei[41]). Und wie hätte er hier auch
anders urteilen können, da die Juden wie die anderen
Völker eine Metze als ein entehrtes Mädchen betrach-
teten, wie ihnen denn auch Magdalena als Sünderin verächtlich war.

---

[40]) Mark. 2, 27.   [41]) Matth. 15, 18. 19.

14. Kein falsches Zeugnis zu geben, wird zum Verbot jeder Lüge erweitert. Darum wird auch das Schwören verworfen[42]). Es bedarf keines solchen Zusatzes und die, welche schwören, vergessen auch, daß, wobei sie schwören, nicht ihrer, sondern Gottes ist.

15. Außerdem werden noch eine Fülle von Mahnungen zu einzelnen Übungen der Nächstenliebe gegeben: barmherzig sein, versöhnlich sein, die Versöhnung nicht verzögern, kein Opfer darbringen, ehe man sich versöhnt hat, kein hartes Urteil fällen, vielmehr sich selbst Vorwürfe machen[43]). Wenn es aber nötig ist, einem anderen Vorstellungen zu machen, zuerst unter vier Augen, dann mit Zuziehung eines dritten, dann vor der Gemeinde; wenn er aber auch diese nicht hört, soll man ihn allerdings als unverbesserlich aufgeben[44]). (Vgl. die nicht zu vergebende Sünde gegen den heiligen Geist.) Man soll Böses mit Gutem vergelten[45]); nachgiebig sein, auch die Feinde lieben; segnen, die uns fluchen; sanftmütig sein gegenüber beleidigenden Reden[46]); friedfertig sein gegenüber den Händelsüchtigen[47]); gern den letzten Platz einnehmen, wenn andere den ersten beanspruchen[48]); durch gutes Beispiel den Leuten vorleuchten, damit sie den Vater preisen, der im Himel ist[49]); die Hungrigen speisen, die Durstigen tränken usw. Die Gebote leiblicher Barmherzigkeit dürften ebenso als eine vollere Ausdeutung des Gebotes, nicht zu stehlen, wie andere Bemerkungen als eine vollere Ausdeutung des Gebotes, nicht zu töten oder nicht die Ehe zu brechen, angesehen werden. Auch das Gebot, nicht für morgen zu sorgen[50]), dürfte in wesentlicher Beziehung gegen diejenigen gerichtet sein, welche in dem Streben, die eigene Zukunft zu sichern, ihre Habe mehren und aufspeichern, ohne darauf Rücksicht zu nehmen, daß den anderen das tägliche Brot für heute abgeht.

16. Zugleich soll darin aber auch eine Sünde durch Mangel an Vertrauen auf die Vorsehung liegen, von deren Güte wir doch durch die Fürsorge selbst für Pflan-

---

42) Matth. 5, 34 ff.   43) Matth. 7, 3 ff.   44) Matth. 18, 15 ff.
45) Matth. 5, 44.   46) Matth. 5, 4.   47) Matth. 5, 9.
48) Luk. 14, 10.   49) Matth. 5, 15. 16.   50) Matth. 6, 34.

zen und Tiere, die so viel geringer sind als wir, ein Zeichen haben.

So soll man denn für die Bedürfnisse der irdischen Zukunft wenig Sorge tragen und die Sorge dafür vielmehr Gott überlassen. Nur eines ist notwendig, „suchet das Reich Gottes und seine Gerechtigkeit, alles übrige wird euch beigegeben werden"[51]). Und dies mag wie eine Ausdeutung auch der zwei ersten Gebote angesehen werden. Manche fehlen durch das mangelnde Vertrauen, indem sie leben, als wenn kein Gott wäre. Manche durch das Streben nach Reichtum und weltlicher Ehre, indem sie gewissermaßen neben Gott noch andere Götter, z. B. den Mammon anbeten.

17. Wegen der unentbehrlichen Hilfe Gottes ist ein dringendes Gebot das Gebet[52]). Man soll beten mit unbegrenztem Vertrauen und unablässig, aber nicht viel Worte machen. Eine genaue Anweisung gibt das Vaterunser, welches auch für die Weise, wie die Nächstenliebe zu üben ist, Licht gibt.

18. Außer dem Gebet wird auch das Fasten empfohlen[53]). Wahrscheinlich nicht bloß zur Erlangung der Herrschaft über die Sinnlichkeit, sondern auch zur Beförderung der Disposition für die Erhebung des Gemütes in Betrachtung und Gebet.

19. Es wurde schon gesagt, daß man wachsam sein soll, und dies in doppeltem Sinne: einmal, damit man nicht von einer Versuchung, dann, damit man nicht von dem Tode und dem Richter der Toten unvorbereitet gefunden werde[54]). Hat man gesündigt, so soll man sofort sich um Vergebung und Reinigung bemühen. Man soll, um dies eifriger zu tun, sich nicht bloß den Himmel, sondern auch die Hölle und die große Schwierigkeit, wie jenen zu gewinnen, so dieser zu entgehen, vor Augen halten, und so kommt es in einem Briefe des Apostels Paulus zu der Mahnung: „Wirket euer Heil in Furcht und Zittern"[55]).

Das Vaterunser lehrt insbesondere auch, um Befreiung von dem Teufel als Fürsten der Welt zu bitten.

---

[51]) Matth. 6, 33. 34.   [52]) Luk. 18, 1.   [53]) Matth. 17, 21. Luk. 2, 37.
[54]) Matth. 24, 42.   [55]) Phil. 2, 12.

Es wäre ein offenbares Mißverständnis, wenn man in dieser Rücksicht auf Himmel und Hölle die Einführung eines niederen Motivs erblicken wollte, welches der Reinheit der sittlichen Absicht abträglich wäre. Wie der Himmel die höchste Verähnlichung, so ist die Hölle die äußerste Entfremdung von Gott.

20. Man soll auf sein (Jesu) Beispiel schauen. Man soll von ihm lernen, von Herzen sanftmütig und demütig zu sein[56]). Das Gebot, einander zu lieben, wird zu einem neuen Gebot durch Hinzufügung der Worte: „wie ich euch geliebt"[57]). So soll man auch, indem man sein Kreuz auf sich nimmt, ihm nachfolgen. Er ist der Weg, die Wahrheit und das Leben[58]).

21. Als eine hohe und dringende Pflicht wird der Glaube an ihn hingestellt. Sehr begreiflich, wenn, wie er sagt, niemand Gott erkennt außer ihm und denen er ihn offenbaren will. „Wer nicht glaubt, der ist schon gerichtet"[59]). Doch findet sich ein mildes Wort für solche, die in seinem Namen böse Geister austreiben wollten, ohne sich ihm anzuschließen. „Wer nicht wider mich ist, der ist für mich"[60]). Auch wird gesagt, wenn sie die Werke nicht gesehen hätten, würden sie die Sünde nicht haben[61]). Aber auch wieder, „selig, wer nicht sieht und doch glaubt"[62]), vielleicht weil er infolge des großen Verlangens, Gottes Willen nachzukommen, unmittelbar erkennt, daß die Lehre von Gott ist.

22. Man soll in Vereinigung mit ihm bleiben[63]), und dies scheint einzuschließen, daß man mit der von ihm gegründeten Kirche vereinigt sei. Er spricht von einer Gemeinde[64]), auf die man hören soll. Er sagt, „Weide meine Lämmer, weide meine Schafe"[65]). Er sagt: „Was ihr auf Erden binden werdet, das soll auch im Himmel gebunden sein; was ihr auf Erden lösen werdet, das soll auch im Himmel gelöset sein"[66]). Er befiehlt alle Völker zu taufen[67]). „Jeder muß wiedergeboren werden im Wasser und im heiligen Geiste"[68]). Ebenso befiehlt

---

[56] Matth. 11, 29. [57]) Joh. 13, 34. [58]) Joh. 14, 6.
[59]) Joh. 3, 18. u. a. [60]) Mark. 9, 38 ff. [61]) Joh. 15, 24.
[62]) Joh. 20, 29. [63]) Joh. 15, 4. [64*]) Matth. 18, 17.
[65]) Joh. 21, 15. [66]) Matth. 16, 19; 18, 18. [67]) Matth. 28, 19.
[68]) Joh. 3, 5.

er zu seinem Andenken Brot und Wein und in diesen
sein Fleisch und sein Blut zu genießen [69]). Die Verbindung mit einer hierarchisch geordneten Kirche und
den Gehorsam ihr gegenüber scheint er ebenso zur
Pflicht zu machen, wie er für die alttestamentliche Zeit,
die durch Moses gesetzte hierarchische Ordnung und
die Pflicht, den Vorgesetzten als Lehrern zu folgen, anerkennt.

Auch Aussprüche wie: „Ihr seid das Salz der Erde";
„ihr seid das Licht der Welt"; „zu euch rede ich verständlich, zu andern nur in Gleichnissen" [70]) deuten
auf eine kirchliche Über- und Unterordnung hin.

23. Es bleibt die Frage, wie er hinsichtlich des Gehorsams und der Ehrfurcht vor staatlichen Vorgesetzten
gedacht. Man zitiert hier das Wort: „Gebet dem Kaiser,
was des Kaisers ist" [71]). Freilich darf nicht unbeachtet
bleiben, daß es sich hier nicht um die Frage der Verpflichtung, sondern der Erlaubtheit der Entrichtung der
Abgaben gegenüber einer ungerechten Herrschaft handelte. Daß Jesus sie für statthaft erklärt, darf nach der
Weise, wie er lehrt, man solle dem, der den Mantel
nimmt, auch den Rock geben, nicht wunder nehmen.
Sich selbst erklärt er ausdrücklich für nicht verpflichtet,
den Zoll zu zahlen, zahlt ihn aber doch, und es dürfte
kaum zu bezweifeln sein, daß er auch das Judenvolk
den Römern gegenüber nicht für verpflichtet hielt, wohl
aber glaubte, die Abgabe zu entrichten, sei erlaubt und
rätlich wegen der Strafe, die man zu fürchten habe.
Daß er darauf ausgegangen sei, eine Ehrfurcht vor den
ungerechten Machthabern als von Gottes Gnaden und
eine servile Gesinnung zu erwecken, zeigt sich in keinem
Worte, vielmehr nimmt er keinen Anstand, den Tetrar-
chen Herodes, indem er ihm eine Nachricht sendet, als
Fuchs [72]) zu titulieren. Und so macht er auch das ganze
Hofleben mit seiner Üppigkeit in seiner Lobrede auf Johannes verächtlich. Ähnlich freilich hat er auch bei
hierarchischen Vorgesetzten des alten Bundes zwischen
der Pflicht, auf ihre Lehre zu hören, und der Hoch-

---

[69]) Matth. 26, 26; Luk. 22, 19.   [70]) Matth. 13, 10 f.
[71]) Matth. 22, 21.   [72]) Luk. 13, 32.

achtung vor ihrer Person durchaus unterschieden [73]) und kein Bedenken getragen, die Verkehrtheit ihres Handelns zu brandmarken. Wer könnte zweifeln, daß darin ausgesprochen liegt, auch bei den Vorgesetzten seiner Kirche lasse sich mit dem Hören auf ihre Lehre die Geringschätzung ihrer selbst, trotz der von ihnen eingenommenen Würde, verbinden? Zu beachten ist, daß bei der Begründung des Satzes „gebet dem Kaiser, was des Kaisers ist" der Genitiv „des Kaisers" kein genitivus possessivus im Sinne des Eigentums und Rechtes ist. Es handelt sich vielmehr um die Angabe dessen, unter dessen Herrschaft die Münze geprägt ist, dessen, der sie hat machen lassen. So entscheidet Jesus dafür, man dürfe sich, ja solle sich hier der Macht beugen.

24. Daß die legitime staatliche Gewalt nicht in der Art der hierarchischen Gewalt untergeordnet sein solle, daß diese in letzter Instanz jeden Rechtsstreit zu entscheiden habe, geht daraus hervor, daß er selbst einen solchen Streit zu entscheiden ablehnt, da er nicht als Richter dafür gesetzt sei [74]).

Durch diese Zurückhaltung und Selbstbeschränkung zeigt er sich in starkem Gegensatze zu einem Gregor VII. und den ihm folgenden Päpsten, welche als Stellvertreter Christi bei jeder Frage, in welcher es sich um Sittliches handelt, also ganz offenbar bei jeder Rechtsfrage, als oberstes Tribunal zu entscheiden beanspruchten. In solchem Fall würde die Berufung auf das Wort: „Mein Reich ist nicht von dieser Welt" nicht genügen, um der weltlichen Gewalt ihre Stellung neben der geistlichen unversehrt zu erhalten.

25. Was die Form betrifft, in welcher die Sittenlehre, wie überhaupt die Lehre Jesu, von ihm mitgeteilt wird, so ist zu bemerken, daß die Sprache keine trocken didaktische, sondern vielfach eine dichterisch und rhetorisch gefärbte ist.

Er liebt den Gebrauch der Parabel, in der er ein Meister ist, und die er dadurch besonders wirksam macht, daß er die Dinge aus dem gemeinen Leben zum Vergleich heranzieht. Er liebt das Pathos und bedient

---

[73]) Matth. 23, 2. – [74]) Luk. 12, 14.

sich häufig rhetorischer Hyperbeln. Und auch dies
mag dazu beigetragen haben, seine Worte eindrucksvoller zu machen, so daß gesagt wird: „Wann hat je
ein Mensch gesprochen wie dieser Mensch".

26. Natürlich mußten sich aber daran auch Nachteile knüpfen. Die Rede läßt oft jede sachliche Ordnung vermissen und scheint manchmal einfach einer
zufälligen Ideenassoziation zu folgen. Der so häufige
Gebrauch bildlicher Redeweise kann Zweifel erwecken,
ob etwas, was im eigentlichen Sinn zu nehmen ist, nicht
auch nur uneigentlich gesprochen sei, und ähnlich kann
es geschehen, daß, was vielleicht nur als rhetorische
Hyperbel dienen sollte, als genauer Ausdruck gedeutet
wird. Es ist bekannt, zu welchem unheilvollen Mißverständnis ein bloß bildlicher Ausdruck selbst einen
Origenes verleiten konnte. Und auch ein Paulus hat
sich, indem er eine rednerische Hyperbel ad verbum
nahm, in seinem ersten Korintherbrief dazu verführen
lassen, eine höchst bedenkliche praktische Weisung zu
geben[75]). Sie entspricht ganz den paradoxen Aussprüchen: „Wer dir den Mantel nimmt, dem gib auch
noch den Rock"; „wer dich auf die rechte Wange
schlägt, dem halte auch noch die linke hin".

27. Würde man glauben, dies sei allgemein und im
eigentlichsten Sinne gemeint, so würde man gewiß
sagen müssen, Jesus sei in höchstem Maße in den
Fehler derjenigen gefallen, welche verkennen, daß das
richtige Verhalten in einer gewissen Mitte liegt, und das
Ideale vielmehr in einem der Extreme erblicken. Freilich imponiert dies gewöhnlich am meisten. Die
Empfehlung der Jungfräulichkeit und ihre Bevorzugung
vor der ehelichen Treue, sowie auch die Empfehlung
der extremen Armut und ihre Bevorzugung vor einem
den Bedürfnissen entsprechenden mittleren Vermögens-
stand, die wohl ernst gemeint sind, scheinen dafür zu
sprechen.

28. Gelegentlich finden wir die Aussprüche „ihr
werdet noch größere Wunderwerke vollbringen als
ich"[76]); „wenn einer glaubet und sagt zu einem Berg,

---

[75]) I. Kor. 6, 7. (Über Origenes vgl. unten S. 65.)   [76]) Joh. 14, 12.

hebe dich weg, so wird er sich wegheben"[77]), und „was immer ihr den Vater in meinem Namen bitten werdet, das wird er euch geben"[78]). Es läge nahe, zu vermuten, daß auch hier von rhetorischen Hyperbeln Gebrauch gemacht werde.

Daß eine solche auch vorliege, wo erklärt wird, wer zu seinem Bruder sage, du Narr, sei des höllischen Feuers würdig, scheint auf der Hand zu liegen; denn danach dürfte man, sobald einer das Schimpfwort spräche, ohne eine Strafe fürchten zu müssen, sagen, er sei des Teufels, was doch gewiß keine weniger herabsetzende Rede ist.

29. Zu den stärksten rhetorischen Hyperbeln gehören wohl auch der Weheruf über die Reichen und der Ausspruch, daß ein Kamel leichter durch ein Nadelöhr gehe, als ein Reicher in das Himmelreich. Welche Wirkung mochte ein solches Wort auf einen Hörer, der der Klasse der Armen angehört, haben? Es ist zu fürchten, daß es ihn mit den schlimmsten Vorurteilen gegen die Klasse der Begüterten erfüllen mußte, und vielleicht ist die Vermutung nicht unzulässig, daß Jesu Herkunft aus dem Kreise der Unbemittelten hier mit von Einfluß gewesen sei. Gewiß, übergroßer Reichtum führt viele sittliche Gefahren mit sich, und es war gut, auf sie aufmerksam zu machen. Aber auch von der extremen Armut muß dasselbe gesagt werden. Das berührt aber Jesus mit keinem Wort. Etwa darum, weil man nicht ebenso wie dem extremen Reichtum auch der extremen Armut einfach entsagen kann? Das wäre kein genügender Grund. Es bleibt ja doch die Möglichkeit, ihr, wo sie droht, entgegen zu arbeiten und, wo sie eingetreten, sich aus ihr emporzuringen, und für den Reichen ergäbe sich durch den Hinweis auf ihre sittlichen Gefahren noch ein besonderes Motiv, dem Armen gegenüber großmütig zu sein, da mit dem Werk der leiblichen Barmherzigkeit zugleich eine geistliche Wohltat sich verbunden zeigte. Aber die Empfehlung der extremen Armut scheint vielmehr außer Zweifel zu

---

[77]) Matth. 17, 20.   [78]) Joh. 14, 13; Matth. 21, 22; Joh. 16, 23.

setzen, daß Jesus die an sie geknüpften Versuchungen nicht ebenso, wie die an den Reichtum geknüpften gewürdigt habe. Jesus ist überzeugt, wer seiner Lehre folge, der werde anerkennen, daß sie von Gott sei [79]). In dem eben berührten Punkte wäre dies gewiß nicht der Fall und natürlich noch weniger, wenn man alles das, was wir als bloß bildlich gesagt oder für eine rhetorische Hyperbel nahmen, dem Worte nach giltig erachtete. Übrigens konnte auch noch ein anderer Umstand zu dieser Einseitigkeit und Übertreibung geführt haben. Wir sehen heute das jüdische Volk ganz besonders darauf bedacht, Reichtümer zu sammeln, und nach den uns gewordenen Berichten trat dieser Zug schon zu Jesu Zeiten deutlich hervor. Sie fehlten gewiß weit mehr durch habsüchtige Übervorteilung anderer, als durch träge Vernachlässigung und Verschwendung ihres Vermögens. Auch lassen gewisse Stellen des Evangeliums erkennen, daß Habsucht in häßlichster Gestalt selbst bei den Priestern sich zeigte [80]). So waren die Verhältnisse denen des Mittelalters nicht unähnlich, welche zu einer energischen Reaktion in den Waldensern und Albigensern und dann auch bei Franziskus von Assisi führten, welcher die Armut seine Braut nannte und seine Genossen nicht bloß als einzelne, sondern auch in Gemeinschaft keinerlei Eigentum besitzen lassen wollte. Wie untunlich die Sache war, das konnte nicht lange verborgen bleiben, und die römische Kurie selbst kam schließlich mit den übertriebenen Liebhabern der Armut in Konflikt, gibt aber so zugleich der Wahrheit unserer kritischen Bemerkung Zeugnis.

30. Wenn indes wirklich auch die Vermutung nicht ganz ausgeschlossen erscheint, daß Jesu Ursprung aus einer unbemittelten Familie ihn zu einer gewissen Teilnahme an der Abneigung der unbemittelten gegen die bemittelte Klasse geführt habe, so hat er doch, obwohl Jude, von dem Ipsissimismus seines Volkes sicher nichts überkommen. Jedem nationalen Dünkel ist er fremd, ja mit keinem Wort ist je von Patriotismus die

---

[79]) Joh. 8, 31. 32.   [80]) Matth. 23, 16; 15, 6.

Rede. Wir alle haben e i n Vaterland, wie wir e i n e n
Vater haben [81]). Was diesem Gedanken Abbruch tut,
ist vom Übel.

31. Die von ihm betonte Pflicht des Glaubens bedarf
ganz besonders einer näheren Erklärung. Pascal ist so
weit gekommen, den Glauben für Pflicht zu halten, auch
im Falle nicht mehr für als gegen seine Wahrheit
spräche. Das scheint schlecht zu den Worten zu stimmen: „Hätte ich unter ihnen nicht die Werke getan, die
kein anderer getan hat, so hätten sie keine Sünde; nun
aber haben sie sie gesehen usw"[82]). Die Kirche stellt
sich nicht auf Pascals Standpunkt, und ihre vornehmsten
Lehrer haben auch erklärt, daß, wenn in der Lehre ein
Widerspruch gefunden werde, alle Pflicht des Glaubens
entfalle; dennoch zeigt die Geschichte, daß man zur
empörendsten äußeren und inneren Intoleranz gelangt
ist. Sie war unvermeidlich, wenn man einmal zu dem
paradoxen Satze sich bekannte, daß der Glaube in
einem Mißverhältnis zwischen den Beweisgründen und
dem Grade der Überzeugung bestehe; denn der Glaube
stehe zwischen dem Meinen und dem Wissen gewissermaßen in der Mitte, indem er mit jenem den Mangel an
sicherer Begründung und mit diesem die volle Überzeugung und den Ausschluß jeden Zweifels gemein habe.
Gar oft hat man sich hieran gestoßen, aber die Kirche
hat sich nur immer aufs neue zu dieser paradoxen und
logisch und moralisch bedenklichen Anomalie bekannt.
Die einzig vernünftige Forderung kann nur die sein, daß
man, selbst den Mangel vollkräftigen Beweises zugegeben, sich doch ähnlich wie einer, dem ein königlicher
Befehl in optima forma vorliegt, daran zu halten habe
und sich nicht entbunden glauben dürfe, ihm nachzukommen, weil eine Fälschung denn doch nicht schlechterdings zu den Unmöglichkeiten gehört. Das Zurückbleiben einen Restes von Verdacht und ein Vorbehalt,
das Dokument nochmaliger Prüfung zu unterziehen,
wären gewiß kein Verbrechen gegen das königliche Ansehen, und nicht sowohl die Überzeugung von der Echtheit, als die Überzeugung, daß ich, ob echt, ob unecht,

---

[81]) Matth. 23, 9.   [82]) Joh. 15, 24.

mich zunächst daran zu halten habe, als ob es sicher
echt sei, weil die Sache so wichtig ist und eine so
hohe Wahrscheinlichkeit dafür spricht, wäre Pflicht,
und der Glaubenszweifel wäre nicht eigentlich als
Zweifel an der Wahrheit der Lehre, sondern als Zweifel, ob ich mich auch nur vorläufig praktisch an sie
zu halten habe, zu verdammen. Würde von der religiösen Lehre anderes und mehr verlangt, so läge darin
selbst schon einer jener Widersprüche gegen alle vernünftige Einsicht vor, welche nach dem Ausspruch der
großen Kirchenlehrer von jedem Glauben entbinden, ja
ihn unmöglich machen würden.

32. Wir finden unter den zitierten Aussprüchen Jesu
einige, welche besonders danach angetan scheinen, die
Seele eines Christen zu verdüstern. Der heilige Franziskus von Assisi hat seinen Jüngern die Vorschrift gegeben: „dienet dem Herrn in Fröhlichkeit". Aber wie
sollte das möglich sein, wenn man, wie Paulus in An-
lehnung an gewisse Äußerungen Jesu lehrt: „wirket
euer Heil in Furcht und Zittern". Dürfen wir vielleicht
auch hier an die Anwendung einer rhetorischen Hyperbel glauben? Doch dann müßten wir weiter gehen und
noch gar manchem anderen schrecklichen Worte eine
solche mildernde Auslegung angedeihen lassen. Nicht
bloß, wie wir schon oben gesagt, dem, welches einen,
der den Bruder einen Narren schilt, für des höllischen
Feuers würdig erklärt, sondern auch dem, welches sagt,
viele seien berufen und wenige auserwählt; breit sei
der Weg, der zum Verderben führt, und viele wandeln
darauf, eng aber die Pforte und schmal und wenig be-
treten der Pfad des Heiles[83]). Ja alle die Stellen, welche
mit einem Feuer drohen, das ewig brennt, und mit einem
Wurm, der ewig nagt, müßten als rednerische Hyperbeln
gefaßt werden.

33. Die Bücher Mosis wissen von einem solchen
Höllenfeuer nichts, das die Sünder nach dem Tode erwartet. Dagegen hat das Heidentum sich einen Tar-
tarus ausgemalt, aber wie viele andere abgeschmackte
Vorstellungen hat sich nicht der Aberglaube des heid-

---

[83]) Matth. 7, 13. 14.

nischen Volkes über das Jenseits gebildet! Die größten
Denker der Hellenen haben ihn nicht geteilt. Aristoteles, wenn er auch eine gerechte Vergeltung, die in die
Ewigkeit reicht, anerkennt, läßt doch alle zur Seligkeit
gelangen [84]), und wenn Plato sich nicht scheut, die
Allerverderbtesten einer ewigen Verdammung verfallen
zu lassen, so fügt er doch hinzu, daß ihre Zahl eine
äußerst geringe sei. In welchem Lichte erschiene ihren
Aussprüchen gegenüber die Lehre Jesu, wenn wir nicht
auch bei der Deutung dieser Worte seiner Gewohnheit, in
ungemessenen Hyperbeln zu sprechen, uns erinnerten.

34. Ja, wenn wir diese harten Reden im eigentlichen
Sinne nähmen, würden wir dann nicht sagen müssen,
daß sie andere seiner schönsten Aussprüche zunichte
machten? Er hatte ja von der Rache abmahnend geboten,
man solle sich Gottes Verhalten zum Vorbild nehmen,
der gütig sei auch gegen die Missetäter. „Seid vollkommen wie euer Vater im Himmel vollkommen ist,
der seine Sonne aufgehen und seine Wolken regnen läßt
über Gerechte und Ungerechte" [85]). Der Hinweis auf
das nachzuahmende göttliche Vorbild könnte die beab-
sichtigte Wirkung nicht mehr haben, wenn die Rache
Gottes nur säumte, um schließlich an einem dies irae
s. z. s. mit Wucherzinsen das Verderben hereinbrechen
zu lassen. Wohl jenen Christen, welche hier die Lehre
ihres Meisters so zu fassen wissen, daß sie nicht bloß
mit sich selbst im Einklang, sondern auch dem Bedürfnis
eines edlen Gemütes voll entsprechend ist und es auch
den sittlich Erleuchtetsten möglich macht, sich im
wesentlichen zu seiner Religion zu bekennen!

Natürlich würde, wenn die Drohung mit der Hölle als
eine Hyperbel, auch der Teufel nur als eine personifi-
zierende Verbildlichung unserer Neigung zum Bösen erscheinen, wie denn auch gesagt wird, nicht das, was
von außen in den Menschen eingehe, sondern das, was
von seinem Inneren ausgehe, sei, was ihn verunreinige;
denn aus dem Herzen kämen arge Gedanken, Mord, Ehebruch, Hurerei, Dieberei, falche Zeugnisse, Lästerung [86]).

---

[84]) Vgl. Franz Brentano: Aristoteles und seine Weltanschauung.
[85]) Matth. 5, 45.   [86]) Matth. 15, 18. 19.

35. Wie sehr eine mildere Deutung von den edelsten
Herzen verlangt wird, dafür gibt unter anderen der heilige Augustinus Zeugnis. Da er einmal auf eine Stelle
des alten Testaments gestoßen, wo es heißt, Gott übe
Barmherzigkeit, auch wo er strafe, führt ihn das zu
Überlegungen, ob nicht auch die Höllenstrafe, die endlos
fortdauere, nach und nach gemildert werde, und Leibniz hat diesen Gedanken in seiner Theodicée mit Freuden aufgegriffen. Würde er doch, da sich die Pein
asymptotisch dem Nullpunkt nähern könnte, die einzige Möglichkeit bieten, sie trotz ihrer Endlosigkeit endlich und in gerechtem Verhältnis zu einer endlichen
Schuld erscheinen zu lassen.

36. In viel groteskerer Weise äußerte sich bei anderen
guten Herzen die liebende Teilnahme auch für die ewig
Verdammten. Dante glaubt der Sage, daß auf die Für-
bitte Gregors des Großen die Seele des Kaisers Trajan
aus der Hölle erlöst worden sei, und zu den ersten
Drucken gehört ein zu Rom erschienenes Missale,
worin sich eine Messe für die zur Hölle Verdammten
findet, die Gott bittet, er möge ihnen an gewissen hohen
Feiertagen, wie Weihnachten, Ostern, Pfingsten, eine
Pause der Peinigung gewähren und ihnen für diese Zeit
s. z. s. einen Urlaub aus ihrem Marterdienst erteilen.
Das alles ist als kindlich wohlgemeint zu belächeln,
während nach so manchem, was wir von der Art Jesu
gesagt haben, seine Worte in rednerische Farben zu
kleiden, eine ernste Möglichkeit besteht, seine Sittenlehre hier mit den Forderungen der Vernunft und des
Herzens in vollen Einklang zu bringen.

37. David Strauß hat die Fragen aufgeworfen: „sind
wir noch Christen" und „glauben wir noch an einen
Gott"? Und er hat sich dafür entschieden, sie beide
zu verneinen. Der christliche und der theistische Gedanke gehören nach ihm als überwunden nur noch der
Geschichte an. Das wäre, schlechthin gesprochen, eine
seltsame Verkennung des wahren Verhaltes. Denn abgesehen davon, daß das Unsichtbare Gottes, wie ehe-
mals, auch heute noch in seinen Werken sichtbar ist,
erfährt auch das Gemüt noch immer von der Lehre und
hohen Persönlichkeit Jesu, wie die Evangelien sie schil-

dern, den mächtigsten Eindruck, so zwar, daß kaum ein anderer ihm zu vergleichen ist. Und je edler eine Seele ist, umsomehr wird sie dadurch bewegt und verlangt darnach, sich ganz ihm hinzugeben; denn gar wenige dürften glauben, hierin genug getan zu haben. In der Tat könnte man, statt mit Strauß zu fragen, ob wir noch Christen und Gottesgläubige seien, vielmehr die Fragen aufwerfen, ob wir schon Christen seien und schon an Gott glaubten, und diese Fragen dürften, wenn man erwägt, was im tiefsten Grunde die Lehre Jesu ist und fordert, und was nach seiner Auffassung dazu gehört, den einen Gott und keinen anderen neben ihm zu haben, in Wahrheit kaum anders als mit einem Nein beantwortet werden. Nicht überwunden, wenn man sie harmonisch deutet und auf ihre wesentlichen Züge achtet, ist die Lehre Jesu in der Geschichte, sondern in ihrer Vollkommenheit im Leben noch immer nicht erreicht. Es wird wegen der menschlichen Schwäche ihr noch harte Kämpfe kosten, den vollen Sieg zu erringen, aber wegen ihrer inneren Kraft unmöglich sein, daß sie jemals untergeht. Das Gewissen wird allezeit für das, was sie von Wahrheit und heiliger Schönheit enthält, Zeugnis geben, ja hat es schon in der vorchristlichen Zeit bei Heiden wie Juden und im asiatischen Orient, wie im europäischen Occident getan, so daß die Sittenlehre Jesu nicht sowohl dadurch einen mächtigen Fortschritt bezeichnet, daß sie ganz neue Gebote verkündete, als dadurch, daß Jesus sie durch das unvergleichliche Beispiel, welches er in seinem Leben und Tode gab, in einer Weise veranschaulichte, die erst die Möglichkeit so erhabener Tugend voll begreiflich machte und so mit einem höheren Mut beseelend zur Nachahmung fortriß. Für immer wird dies Beispiel vorleuchten und keine Weissagung ist sicherer, als wenn man in diesem Sinne sagt: Jesus und kein Ende.

Die Lehre Jesu von Gott und Welt und von seiner eigenen Person und Sendung nach den Evangelien.

1. Während die Sittenlehre Jesu in den Evangelien im wesentlichen mit genügender Vollständigkeit dargelegt und nur durch die Bildlichkeit der Sprache und den vielfachen Gebrauch von Hyperbeln dann und wann in ihrem Verständnis erschwert ist, kann man dies, was seine Lehre von Gott und Welt und von seiner eigenen Person und Sendung anlangt, kaum in gleichem Maße sagen.

2. Was Gott anlangt, so lehrt er deutlich seine unendliche Vollkommenheit, seine Allmacht, Weisheit und Güte. Er ist der Anfang und das Ende, der Ausgang und das Ziel. Er offenbart sich als der unvergleichlich überlegene Werkmeister und Fürsorger schon wo er die Lilien des Feldes schöner kleidet als Salomon in aller seiner Herrlichkeit (Matth. 6, 29; Luk. 12, 27) und die vernunftlosen Tiere ihre Nahrung und alles, dessen sie sonst bedürfen, finden läßt. Den Menschen hat er mit noch höheren Vorzügen ausgestattet und nimmt ihn in seine väterliche Obhut (Matth. 10, 31; Luk. 12, 6. 7). Mit seinem Schöpfer verglichen verdient kein Geschöpf gut genannt zu werden. (Matth. 19, 17; Mark. 10, 18; Luk. 18, 19).

3. Wenn aber alles dies leicht und deutlich zu verstehen ist, so bleibt anderes in Dunkel gehüllt. Im Johannesevangelium heißt es, daß im Anfang bei dem Gott der Gedanke und dieser Gott gewesen sei. Allein abgesehen davon, daß es nicht Jesus selbst ist, der hier spricht, (wie dieser denn zwar häufig von einem Sohne Gottes gesprochen hat, aber niemals den Namen „Gedanke" (Λόγος) dafür gebraucht zu haben scheint) ist es aus dem Wortlaut nicht zu ersehen, ob hier der Gedanke in demselben Sinn Gott genannt werde, wie der Gott, von dem gesagt wird, daß er bei ihm im Anfang gewesen

sei. Ja der wechselnde Gebrauch und Entfall des Artikels
scheint der Annahme, daß er in gleichem Sinne Gott
genannt werde, nicht günstig. Und auch das scheint
dagegen zu sprechen, daß in dem unmittelbar folgenden
von dem Gedanken gesagt wird, daß alles, was entstanden, mittelst desselben δι' αὐτοῦ entstanden, also
nicht von ihm als erstem Prinzip hervorgebracht worden
sei, da wir sonst vielmehr δι' αὐτόν lesen müßten[1]). Die
Wichtigkeit dieses letzteren Momentes ist sofort einleuchtend, die des ersteren aber wird es, sobald man
darauf achtet, daß bei den alten griechischen Philosophen, wie z. B. bereits bei Aristoteles, das ϑεός ohne
Artikel nicht ausschließlich den Gott im eigentlichen
Sinne, sondern oft auch anderes, was ewig und unver-
gänglich ist, bezeichnet und auch in den heiligen Schriften mehrfach in erweitertem Sinne gebraucht wird.
(Vgl. z. B. Psalm 97, 7. 9; Psalm 45, 7. 8; Psalm 82, 6;
Joh. 10, 34 ff.) In der Vulgata tritt infolge der Eigen-
tümlichkeit der lateinischen Sprache keines der beiden
Momente mehr hervor, und so haben denn auch moderne
Übersetzungen keinem von ihnen Rechnung getragen.
Nach Petavius haben sich daher auch die ältesten
Kirchenväter in ihrer Mehrheit dagegen entschieden, daß
der Gedanke im eigentlichen Sinne Gott zu nennen sei,
während in späterer Zeit die entgegengesetzte Auffassung
das Übergewicht erlangt hat. Man kam so zu einer Lehre
von einem inneren Prozesse, wonach der Gott den Gott
von Ewigkeit erzeugt und der Gott von dem Gott von
Ewigkeit erzeugt wird, und sagte, der Gott sei seiner
Natur nach einer, aber bestehe in mehreren Personen,
von denen die eine nicht die andere sei. Daß dies auch
nur von dem Verfasser des Johannesevangeliums unzweideutig ausgesprochen werde, ist, wie wir eben
gezeigt haben, zu leugnen, geschweige daß man sagen
könnte, Jesus selbst habe, sei es in diesem, sei es in

---

[1]) Auch das alsbald folgende „χωρὶς αὐτοῦ" ist zu beachten. Wir
könnten die Stelle vielleicht nicht unpassend mit folgenden Worten
wiedergeben: „und auch nicht ein einziges Gewordenes ist geworden
außerhalb seines Bereiches". Die Weise, wie es gewöhnlich übersetzt wird, läßt das ihm einem „ἄνευ αὐτοῦ" gegenüber Eigentümliche ganz entfallen.

einem anderen Evangelium, jemals solches gelehrt. Und
nicht einmal dieses scheint gesichert, daß man bei der
Auslegung des Eingangs zum Johannesevangelium nur
zwischen der jetzt gemeinüblichen und der arianischen
Auffassung, wonach einem Geschöpf schöpferische Kraft
zugeschrieben werden würde, zu wählen habe, da es
denkbar bleibt, daß, wenn vom Gedanken gesagt wird,
er sei im Anfang bei dem Gott gewesen, ihm nicht eine
Existenz im eigentlichen Sinne, sondern nur eine solche,
wie sie einem Gedachten in einem Denkenden zukommt,
zugeschrieben werde. Wir werden darauf sogleich zurückkommen. Man geht indeß noch weiter und will Jesus
noch einen zweiten inneren Prozeß in der Gottheit lehren
lassen. Von dem erzeugenden und erzeugten Gott soll
der Gott nochmals ausgehen und so zu der Person des
Vaters und der Person des Sohnes noch eine dritte göttliche Person, welche man den heiligen Geist nennt, hinzukommen. Allein was kann man in den Evangelien
dafür geltend machen, als eine Reihe von Stellen, worin
von dem heiligen Geiste gesprochen wird, die aber, mag
man jede für sich oder auch alle vereint betrachten, alles
andere eher als eine deutliche Verkündigung dieser
Lehre genannt werden können. Es wird gesagt, daß der
heilige Geist über Maria kommen und die Kraft des
Höchsten sie überschatten werde (Luk. 1, 35); es wird
gesagt, daß der Geist Gottes bei der Taufe Jesu im Jordan
in der Gestalt einer Taube über ihm schwebend erschienen sei (Matth. 3, 16); es wird gesagt, daß der
Geist ihn in die Wüste geführt habe, damit er vom Teufel
versucht werde (Matth. 4, 1; Mark. 1, 12; Luk. 4, 1);
es wird gesagt, daß während Johannes mit Wasser, Jesus
mit Feuer und mit dem heiligen Geist taufe (Matth. 3, 11;
Mark. 1, 8; Luk. 3, 16). Und wieder, daß man, um in
das Himmelreich einzugehen, wiedergeboren werden
müsse aus dem Wasser und dem Geiste (Joh. 3, 5); es
wird gesagt, daß die Propheten im Geiste sprechen
(Luk. 1, 67), und zu den Aposteln sagt Jesus einmal
„nehmet hin den heiligen Geist". (Joh. 20, 22.) Wiederum
sagt Jesus, daß der Vater den heiligen Geist senden
werde und daß er selbst ihn senden werde
(Joh. 14, 26); daß er als Tröster zu ihnen kommen

werde (Joh. 15, 26); daß er sie alle Wahrheit lehren
werde, indem er dabei nicht aus sich sprechen, sondern
was er höre verkünden werde (Joh. 16, 13), und daß
er bei ihnen bleiben werde bis ans Ende der Welt
(Joh. 14, 16). Und nach der Auferstehung sagt er ihnen
auch noch, sie sollten alle Völker taufen im Namen des
Vaters, des Sohnes und des heiligen Geistes (Matth.
28, 19). Auch von einer Sünde gegen den heiligen Geist
spricht er, die er von einer gegen ihn selbst begangenen
in der Art unterscheidet, daß während diese vergeben
werde, jene nicht vergeben werde, weder in diesem noch
im jenseitigen Leben (Matth. 12, 31; Luk. 12, 10). Aber
wer wäre imstande, aus allen diesen Äußerungen die
Lehre von einer dritten Person in der Gottheit heraus
zu konstruieren, welche in einem ewigen Prozesse von
dem Vater und dem Sohne oder auch von dem Vater
durch den Sohn ausgehe, weshalb der Gott der Natur
nach einer, aber den Personen nach drei sei? Es kann
dies umso weniger gelingen, als die meisten dieser Aussprüche, wie die Theologen selbst zugestehen, in un-
eigentlichem Sinne zu nehmen sind. Handelt es sich
doch bei ihnen um Wirkungen nach außen, welche niemals einer Person allein, sondern allen gemeinsam zukommen sollen. An manchen Stellen ist, ähnlich wie
an vielen Stellen der Paulinischen Briefe, wo von einem
Geist der Weissagung und von einem Geist des Rates
usw. gesprochen wird, sichtlich unter Geist eine gott-
empfangene Gnadengabe zu verstehen. Nur so begreift
es sich z. B., wenn gesagt wird, der Geist werde, was
er gehört, sprechen. Nimmt man darauf Rücksicht, so
erkennt man sofort, daß von der ganzen Fülle von Stellen,
wo von einem heiligen Geist gesprochen wird, nur etwa
die eine in Betracht kommen kann, wo gesagt wird
„taufet alle Völker im Namen des Vaters und des Sohnes
und des heiligen Geistes". Diese aber reicht nicht einmal aus, das Verhältnis des Vaters zum Sohne, geschweige das dieser beiden zum heiligen Geiste klar zu
machen. Kann nicht ein und dasselbe mehrere Namen
tragen? Und könnte nicht, wenn hier die drei Namen
Verschiedenes nennen sollen, dieses Verschiedene, wie
es gemeiniglich der Fall ist, nicht bloß der Person, son-

dern auch der Natur nach verschieden sein? So wird
man denn, wie immer man einen trinitarischen Prozeß
als Dogma aufstellen mag, anerkennen müssen, daß
Jesus, soweit die Evangelien von seiner Lehrtätigkeit
berichten, nirgends Sorge getragen hat, eine solche Lehre
deutlich darzulegen. Wie wenig er dies getan, werden
wir noch besser erkennen, wenn wir auf die Lehre von
seiner Person und Sendung des näheren eingehen, mit
welcher die Lehre vom Verhältnis des Vaters zum Sohne
aufs innigste verwebt ist. Noch eines sei bemerkt. Da
den Aposteln gesagt wird: „taufet alle Völker im Namen
des Vaters, des Sohnes und des heiligen Geistes", so
sollte man erwarten, man werde in den Apostelbriefen
eine darauf bezügliche Erklärung und wenn sie wirklich
auf einen trinitarischen Prozeß in der Gottheit zielen,
irgendwelche Aussagen darüber finden. Aber das Gegenteil ist der Fall. In einem, dem Johannes zugeschriebenen Briefe (1. Joh. 5, 7) finden sich wohl einmal die
Worte: „denn drei sind, die da zeugen im Himmel:
der Vater, der Gedanke und der heilige Geist; und diese
drei sind Eins. Und drei sind, die da zeugen auf Erden:
der Geist und das Wasser und das Blut; und die drei
sind beisammen". Allein abgesehen davon, daß die
Stelle rätselhaft klingt, fehlt sie in den älteren Codices
und ist darum als eingeschoben zu betrachten. Paulus,
von dem man meinen sollte, daß die Lehre von einem
trinitarischen Prozeß seinem spekulativen Trieb die ener-
gischste Anregung hätte geben müssen, ist auch nicht
mit einem Wort darauf eingegangen. Auch da nicht, wo
er, wie in dem Römerbrief, am vollständigsten seine
Lehre darlegt.

4. Wenn wir fragen, was Jesus von sich und seiner
Sendung gelehrt, so ist vor allem ersichtlich, daß er sich
für einen wahren Menschen und für den von seinem
Volk erwarteten Messias gehalten habe. Moses und die
Propheten, glaubte er, hätten von ihm geweissagt, die
Juden aber hätten sich eine wesentlich falsche Vorstellung von dem Heile, das er ihnen bringen sollte, gebildet. Nicht zu einem Triumph über feindliche Na-
tionen, sondern über die Macht des sittlich Bösen sollte
er sie führen. Kein König im weltlichen Sinne sollte er

sein, aber doch ein wahrer König, dem alle diejenigen sich untertan glauben, die aus der Wahrheit sind. (Joh. 18, 37). Er soll der Lehrer der Menschheit sein und sie zur Tugend führen und von der Sünde erlösen. Er selbst, der von aller Schuld frei ist, soll ihre Schuld auf sich nehmen und als Sühnopfer für sie sterben, er soll aber dann auferstehen von den Toten, zum Himmel eingehen und von dort einmal wiederkommen in Macht und Herrlichkeit, an welchen die Seinigen Anteil nehmen werden am Tage der Vergeltung. Er nennt sich den Sohn Gottes in einem höheren Sinne als dem, in welchem irgend ein anderer Mensch so genannt werden kann. Aber in welchem Sinn, das ist eine nicht so leicht zu beantwortende Frage. Viele behaupten mit Berücksichtigung des trinitarischen Prozesses, er habe gelehrt, daß er die zweite Person in der Gottheit und darum ebenso wahrhaft Gott als Mensch sei. In der Tat warfen die Juden ihm vor, daß er sich Gott gleich setze und wollten ihn um dieser Gotteslästerung willen steinigen, aber er weist den Vorwurf der Gotteslästerung ab unter Hinweis auf eine Stelle des alten Testamentes, wo Menschen Gott genannt werden, weil sie als Richter die Stelle Gottes vertreten, das aber tue auch er und in ungleich vollkommenerer Weise. (Joh. 10, 33 ff.) Die Verteidigung erschiene geradezu sophistisch, wenn er nicht in diesem übertragenen, sondern in ganz eigentlichem Sinn und ebenso wahrhaft Gott als Mensch zu sein Anspruch gemacht hätte. Doch dem gegenüber stehen andere Reden, insbesondere solche, worin er eine ewige Existenz sich zuzuschreiben scheint. Wir denken da weniger an Äußerungen wie die, daß er den Satan vom Himmel habe fallen sehen wie einen Blitz (Luk. 10, 18), denn solches könnte recht wohl auch ein anderer Prophet in Rücksicht auf eine ihm gewordene Vision gesagt haben, während es von dem Gott, der zwar alles erkennt, aber nichts durch einen Eindruck erfaßt, nicht eigentlich gesagt werden kann; vielmehr an solche, wo er sagt: „Ehe Abraham war, bin ich“, (Joh. 8, 58), oder den Vater bittet, er möge ihn verherrlichen mit der Herrlichkeit, die er bei ihm gehabt habe, ehe die Welt war. (Joh. 17, 5.) In diesen wollte man mit mehr Schein einen

Beweis dafür erblicken, daß er sich im eigentlichen Sinn
für Gott gehalten habe.

Doch auch dieser schwindet, wenn man beachtet, daß
man in einem mehrfachen Sinn von einem Früheren und
Späteren spricht und sagt, daß, was der Ordnung der
Ausführung nach später, der Zweckordnung nach früher
sei. In Rücksicht auf diese Zweckordnung konnte Jesus
recht wohl sagen, daß er vor Abraham sei, wenn dieser, wie
auch Moses und alle Propheten nur seine Vorläufer und
die Vorbereiter seiner Ankunft sein sollten [2]). Und ebenso, wenn man erwägt, daß man nicht bloß von dem,
was in Wirklichkeit ist, sondern auch von dem, was
nur gedacht wird, zu sagen pflegt, daß es im Denkenden
bestehe; denn recht wohl konnte dann Jesus den Vater
bitten, daß er die Herrlichkeit, die er von Anbeginn in
seinem Geiste gehabt habe, ihm nunmehr in Wirklichkeit
verleihen möge. Sieht man recht zu, so erscheint dies
sogar als die einzig mögliche Deutung; denn wenn unter
der Herrlichkeit diejenige zu verstehen wäre, die ihm
vermöge einer göttlichen Natur zugekommen sein soll,
so könnte davon nicht wie von etwas, was ihm erst zu-

---

[2]) Auch Johannes der Täufer sagt von Jesus, daß er nach ihm
kommend vor ihm geworden sei ($\check{\epsilon}\mu\pi\rho o\sigma\vartheta\acute{\epsilon}\nu$ $\mu o\nu$ $\gamma\acute{\epsilon}\gamma o\nu\epsilon\nu$, Joh. 1, 15;
1, 27; 1, 30), und früher gewesen sei als er und mehr als jeder andere
früher gewesen sei als er. Diese Stelle erscheint als eine Parallel-
stelle zu der, wo Jesus von sich sagt: „ehe Abraham war, bin ich",
zu fassen. Bei ihr aber macht der Ausdruck „ist geworden" es
geradezu unmöglich, das Frühersein auf die ungewordene göttliche
Natur, die man ihm neben der menschlichen zuschreiben will, zu
beziehen. Und so bleibt denn hier keine andere als die Erklärung
anwendbar, welche das Früher als ein Früher nach der Ordnung
der Zwecke deutet. Wenn Johannes hier Jesus als Sohn Gottes und
als Lamm Gottes bezeichnet, so steht die Bildlichkeit des letzteren
Ausdrucks außer Zweifel, und was sollte da behindern, für den Ausdruck „Sohn Gottes" an einen ähnlich bildlichen Gebrauch zu denken? Trägt man jedem in der Stelle enthaltenen Worte mit schärfster
Genauigkeit Rechnung, so scheint nicht bloß kein Glaube des Johannes an eine ungewordene göttliche Natur Jesu darin eingeschlossen, sondern es scheint geradezu daraus ersichtlich, daß ihm
der Gedanke an eine solche ganz außerhalb des Bereiches des Mög-
lichen lag. Denn nur in diesem Fall erscheint die Folgerung gerechtfertigt: „weil er vor mir gewesen ist, habe ich gesagt, er ist vor mir
geworden". Wäre es nach Johannes Meinung denkbar gewesen, daß
Jesus vor ihm gewesen sei, ohne vor ihm geworden zu sein, so wäre
der Schluß nicht bündig.

teil werden solle, gesprochen werden. Er wäre vielmehr schon damals in ihrem wirklichen Besitz gewesen. Auch die Worte, die wir im Johannesevangelium finden: „Du hast mich geliebt, ehe denn die Welt gegründet war" (Joh. 17, 24), scheinen deutlich darauf hinzuweisen, daß es sich um ein Frühersein nach der Ordnung der Liebe und nicht um eine wirkliche Existenz, sondern um ein ewiges Gedacht- und Geliebtsein handelt[3]).

---

[3]) Im Griechischen findet sich Ev. Joh. 1, 1 die Präposition „$\pi\varrho\acute{o}\varsigma$" mit dem Akkusativ, das gemeinüblich nicht „bei" bedeutet. Wenn es hier diesen Sinn hätte, so müßte statt seiner vielmehr $\pi\varrho\acute{o}\varsigma$ mit dem Dativ oder $\pi\alpha\varrho\acute{a}$ mit dem Dativ oder $\sigma\acute{v}\nu$ mit dem Dativ oder $\mu\varepsilon\tau\acute{a}$ mit dem Genitiv erwartet werden. Noch einmal finden wir in den Schriften des Neuen Testaments das $\pi\varrho\acute{o}\varsigma$ mit dem Akkusativ an einer Stelle angewandt, an welcher die Übersetzer es mit „bei" wiederzugeben pflegen. Sie findet sich bei Markus 6, 3 und erscheint bei Matthäus 13, 56 in etwas gekürzter Wiederholung. „Und sind nicht, so fragen die Juden, seine Schwestern $\alpha\overset{\circ}{\delta}\epsilon$ $\pi\varrho\acute{o}\varsigma$ $\acute{v}\mu\tilde{\alpha}\varsigma$?" Sieht man genauer zu, so erkennt man, glaube ich, unschwer, warum der Evangelist hier das $\pi\varrho\acute{o}\varsigma$ mit dem Akkusativ dem $\pi\alpha\varrho\acute{a}$ mit dem Dativ oder $\sigma\acute{v}\nu$ mit dem Dativ oder $\mu\varepsilon\tau\acute{a}$ mit dem Genitiv vorgezogen hat. Er will nicht einfach sagen: „Und sind nicht seine Schwestern hier bei euch?", sondern: „Und sind nicht seine Schwestern hier euch vor Augen?" Dies begünstigt die an und für sich schon naheliegende Vermutung, daß auch in der Stelle Joh. 1, 1 die Bevorzugung des $\pi\varrho\acute{o}\varsigma$ mit dem Akkusativ vor irgendwelchen anderen Präpositionen damit zusammenhängt, daß auch hier etwas mehr ausgedrückt werden soll, als durch jene gemeinüblichen Präpositionen gesagt wäre. Auch hier haben wir es, denke ich, nicht sowohl durch „bei" als durch „und der Gedanke war dem Gott vor Augen" wiederzugeben, was dann nichts anderes heißen würde, als daß er als Gegenstand seines Denkens dem Gott gegenwärtig gewesen sei. So erklärte sich denn am besten auch hier die Wahl dieses seltenen Ausdrucks, dem wir im ganzen Neuen Testament sonst nirgendwo begegnen. — Auch Vers 18, wo es heißt: $\acute{o}$ $\mu ovo\gamma\epsilon\nu\grave{\eta}\varsigma$ $v\acute{\iota}\grave{o}\varsigma$, $\acute{o}$ $\overset{\circ}{\omega}\nu$ $\epsilon\acute{\iota}\varsigma$ $\tau\grave{o}\nu$ $\varkappa\acute{o}\lambda\pi o\nu$ $\tau o\tilde{v}$ $\pi\alpha\tau\varrho\acute{o}\varsigma$, möchte man statt des $\epsilon\acute{\iota}\varsigma$ mit dem Akkusativ $\grave{\epsilon}\nu$ mit dem Dativ erwarten, wie denn auch in der Parabel vom reichen Prasser von Lazarus gesagt wird, daß er $\grave{\epsilon}\nu$ $\tau o\tilde{\iota}\varsigma$ $\varkappa\acute{o}\lambda\pi o\iota\varsigma$ des Abraham sei. Nun findet sich allerdings das $\epsilon\acute{\iota}\varsigma$ mit dem Akkusativ noch an mehreren Stellen, wo man nach dem gemeinen griechischen Sprachgebrauch $\grave{\epsilon}\nu$ mit dem Dativ zu erwarten hätte. Allein auch hier zeigt sich, daß gewisse besondere Rücksichten für diese Abweichung bestimmend waren. Wenn z. B. Mark. 2, 1 erzählt wird, Jesus sei: „$\epsilon\acute{\iota}\varsigma$ $o\tilde{\iota}\varkappa o\nu$" so dürfte damit angedeutet sein, daß die Erzählenden Jesus in das Haus hatten eingehen sehen. Man könnte die Worte am besten wiedergeben, wenn man sagte, nicht: „Er sei im Hause", sondern: „Er sei ins Haus hinein". Und Ähnliches gilt

Ähnlich erledigen sich aufs leichteste viele andere
Stellen, wo er von einer Einheit mit dem Vater spricht.
Wie oft haben Mystiker sich erlaubt, sich mit Gott eins
zu nennen, und Jesus selbst sagt einmal, daß ähnlich
wie er in dem Vater und der Vater in ihm auch die Jünger in ihm und er in den Jüngern sein und bleiben
werde (Joh. 15, 4ff.; 17, 21). Man hat es also gar sehr
an der nötigen Vorsicht fehlen lassen, wenn man der
Mehrdeutigkeit der Worte nicht Rechnung tragend, sich
zur Ausbildung einer Lehre von einer Person mit zwei
Naturen fortführen ließ. Es ist wahr, im Anfang des
Johannesevangeliums heißt es, der Gedanke ist Fleisch
geworden und hat unter uns gewohnt, aber abgesehen
davon, daß es auch hier nicht Jesus selbst ist, der dies
spricht, steht auch nichts im Wege, dies so zu deuten,
daß nur gesagt werde, das ewig von Gott als vor-
nehmstes Ziel seiner Schöpfung Gedachte sei in der Zeit
auch wirklich geworden. Für alles genügt die Erklärung aus dem einen Gedanken, daß er sich als denjenigen betrachtete, welcher mehr Zweck als alle anderen
Kreaturen und dessen Erscheinen in der Welt die Fülle
der Zeiten zu nennen sei. Tatsächlich liegt auch nicht
das kleinste Wort vor, welches sich nicht mit dieser
Auffassung vereinigen ließe[4]), und sie ist die einzige,

---

von der Stelle Luk. 11, 7. Der lästige Bittsteller wird darauf aufmerksam gemacht, wie unbescheiden sein Ansinnen zu so später
Stunde sei: „die Kinder sind schon mit mir in die Schlaf-
kammer hinein". Wenn nun eine solche Rücksicht an anderen
Stellen zu einer Bevorzugung des εἰς mit dem Akkusativ vor dem
ἐν mit dem Dativ geführt hat, so müssen wir fragen, welche
ähnliche an unserer Stelle maßgebend gewesen sein möge, und da
liegt es wohl nahe, der Evangelist habe ausdrücken wollen, wie
der Vater den Sohn in Liebe an sein Herz drücke, in sein Herz
schließe. Es ist klar, daß auf diese Weise erklärt die Wahl
des εἰς, ähnlich wie früher die des noch ungleich seltener gebrauchten πρός mit unserer ganzen Auffassung aufs schönste im
Einklang ist.

[4]) Wenn von Jesus gesagt wird, er sei der Sohn Gottes, so wird
auch von anderen gesagt, daß sie Kinder Gottes werden könnten
und aus Gott geboren seien (Joh. 1, 12. 13). Und so lassen denn
auch die wenigen Stellen, wo er nicht bloß als Sohn Gottes, sondern geradezu als Gott bezeichnet wird, eine Deutung, wie wir sie
eben gesehen haben, zu. Es kommen hier nur noch folgende in
Betracht: Die bei Johannes 20, 28, wo der Apostel Thomas aus-

die es möglich macht, Jesu Meinung von sich selbst
für eine nicht vollkommen absurde zu nehmen. Leider
ist es hier wie bei den Aussprüchen über das Abendmahl
gegangen, wo die bildliche Deutung doch so nahe lag,
sowohl wegen der allgemeinen Gewohnheit Jesu, in
bildlichen Ausdrücken zu sprechen, als auch wegen der
Worte, die er einmal bei Johannes hinzufügt, um dem
entstandenen Ärgernis zu wehren: „Meine Worte sind
Geist und Leben" (Joh. 6, 63). Man beachte auch, daß
er sich hier Brot nennt, lange bevor es zur Szene des
Abendmahls gekommen ist, bei welcher allein er doch
nach einer altüblichen Auslegung in Wahrheit die Brotes-
gestalt angenommen haben würde. Was könnte deut-

---

ruft: *ὁ κύριός μου καὶ ὁ θεός μου*, was man zu übersetzen pflegt, als ob
statt des Nominativs der Vokativ stände: „Mein Herr und mein Gott".
Sie kommt dann einer Stelle bei Paulus in dem Briefe an Titus (2, 13)
und einer 2. Thess. 1, 12 sowie einer 2. Pet. 1, 1 sehr nahe. In der
ersten heißt es: *τῆς δόξης τοῦ μεγάλου θεοῦ καὶ σωτῆρος ἡμῶν Ἰησοῦ
Χριστοῦ*. In der zweiten: 2. Thess. 1, 12: *κατὰ τὴν χάριν τοῦ θεοῦ
ἡμῶν καὶ κυρίου Ἰησοῦ Χριστοῦ*. In der dritten 2. Pet. 1, 1: *ἐν
δικαιοσύνῃ τοῦ θεοῦ ἡμῶν καὶ σωτῆρος Ἰησοῦ Χριστοῦ*. Die beigefügten
Genetiva *μοῦ* und *ἡμῶν* legen es besonders nahe, die Worte
dahin auszulegen, daß Jesus wegen seiner Überordnung, die ihm
eine gottähnlich königliche Stellung zu uns gibt, des Namens Gott
gewürdigt werde. Und zur Bestätigung einer solchen Auslegung
scheint es zu dienen, daß in dem Petrusbrief unmittelbar darauf der
Gott und Jesus Christus nicht identifiziert, sondern nebeneinander gestellt werden: . . . *ἐν ἐπιγνώσει τοῦ θεοῦ, καὶ Ἰησοῦ Χριστοῦ τοῦ
κυρίου ἡμῶν*. Bei 1. Jo. 5, 20, wo es heißt: *ουτος ἐστιν ὁ ἀληθινὸς θεὸς
καὶ ἡ ζωὴ αἰώνιος*, ist es nicht sicher, daß das *οὗτος* sich auf Jesus
Christus und nicht vielmehr auf den *ἀληθινὸς* bezieht, von dem
eben die Rede war, und welchem der folgende Vers die Götzenbilder
entgegenstellt. Ginge es auf Jesus Christus, so würde es nicht mehr
sagen als, daß, wer diesen, als Stellvertreter des wahren Gottes,
selbst als Gott bezeichnet, sich nicht ähnlich wie ein Götzen-
anbeter der Abgötterei schuldig mache, da uns Jesus, im Gegensatz
zu den nichtigen falschen Göttern, wirklich das ewige Leben ver-
mittle. Endlich könnte noch auf die Stelle Römer 9, 5 verwiesen
werden, deren Echtheit aber angezweifelt wird. Auch in dieser
scheint indes der Ausdruck: „*ὁ ἐπὶ πάντων θεός*" anzudeuten, daß
Jesus nur wegen seiner Beziehung zu der ihm untergeordneten Gesamtheit der übrigen Geschöpfe Gott genannt werde. Jesus selbst
hat sich in den Evangelien nirgends den Namen „der Gott" beigelegt, vielmehr, wie wir oben schon betont haben, die Art, wie er
den Namen „Gott" sich beilegen dürfe, durch den Vergleich mit der
Weise, wie derselbe in der Schrift anderen beigelegt worden war,
alles Anstößigen entkleidet. Joh. 10, 33 ff.

licher erkennen lassen, daß der Fall jenem anderen
ähnlich zu nehmen ist, wo er sich bildlich einen Weinstock nennt und die Jünger als die Reben an ihm bezeichnet; und wieder die Türe des Schafstalles, zu der
allein man zu diesem eingeht; und wieder das Licht,
das die Welt erleuchtet usw. Hat er doch auch seine
Jünger wiederholt bildlich bald das Licht der Welt, bald
das Salz der Erde, bald Fischer, bald Lämmer genannt.
Was hätte in der Tat eine Inkarnation, wie man sie
gewöhnlich auffaßt, für einen Wert? Wenn die Vereinigung einer menschlichen Natur, so wäre auch die
einer animalischen oder pflanzlichen oder auch eines
toten und unorganischen Körpers mit der göttlichen
Natur möglich gewesen. Wer aber könnte behaupten,
daß diese dadurch in der Art geadelt zu werden ver-
möchte, daß sie zu etwas höherem als das, was ein
Mensch ist, erhoben erschiene? In der Tat lehren ja
auch die Theologen geradezu, wie der Mensch Jesus
während seines Lebens, so sei auch nach seinem Tode
seine Seele nicht bloß, sondern auch sein Leichnam Gott
gewesen, woraus sich, nebenbei gesagt, auch die para-
doxe Folgerung, daß damals seine Seele sein Leichnam
gewesen sei, ergeben würde. Man hat den frommen,
sittlich strengen, in der Verfolgung standhaften Nestorius
als einen im höchsten Maß gottlosen Mann bezeichnet,
weil er nur in Rücksicht auf die besondere Mission Jesu
den Namen Gott ihm gegeben glaubte, aber diese, wie
Jesus sie für sich in Anspruch nahm, wäre wirklich
von einzigartigem Werte gewesen, während jene behauptete Vereinigung mit der göttlichen Natur zu einer Person wie einerseits als absurd, andererseits als bar von
jedem wahren Werte erscheinen würde. Die hypostatische Union würde ja gar keine psychische Tätigkeit
sein, und um so mehr müßte sie hinter der edelsten
psychischen Tätigkeit des Menschen, der Erkenntnis
und Liebe Gottes und der Anschauung Gottes
zurückstehen. Sicher war ein solcher Gedanke Jesu
ganz fremd. Was er wirklich von sich dachte und
weshalb er sich den Sohn Gottes nennen zu dürfen
glaubte, war etwas ungleich Größeres. Es lag darin eine
einzigartige Mission, die ihn zum Lehrer, Retter und

Beseliger aller Welt machen sollte, zum Wendepunkt
der ganzen Weltgeschichte. Sein Auftreten war die Fülle
der Zeiten.

So hoch er sich aber auch vor allen anderen begnadigt
glaubte, war er doch nicht willens, jeden auch bei einem
Geschöpfe denkbaren Vorzug für sich in Anspruch zu
nehmen, wenigstens nicht für die Zeit, wo er auf Erden
wandelte.

Er lehnt es nicht bloß ab, als gut bezeichnet zu werden, da Gott allein gut sei (Matth. 19, 17), sondern bekennt auch in bezug auf gewisse Fragen seine Unwissen-
heit. Die Zeit des Weltendes ist ihm unbekannt (Mark.
13, 32). Daß er aber auch von der Art der Naturereig-
nisse, von denen es begleitet sein würde, die aller-
unvollkommensten, ja unrichtigsten Vorstellungen hatte,
verrät sich genugsam in den wenigen Worten, in
welchen er sie schildert. (Mark. 13, 25.) Von dem
Knaben Jesus wird gesagt: „Er nahm zu an Weisheit".
(Luk. 2, 52.) Unleugbar aber ist nach den eigenen
Worten Jesu, daß seine Weisheit, so lange er auf Erden
wandelte, nie so vollkommen war, daß sie nicht noch
hätte wachsen können. So war ihm denn auch während
seines irdischen Lebens die Anschauung Gottes noch
nicht zu teil geworden. Gerade darum sollten sich seine
Jünger über seinen Hingang freuen; denn dieser erst
führe ihn zum Vater. (Joh. 14, 12, 28.) Und so glaubte
er, daß er dann auch ihnen noch mehr zum Segen werde
gereichen können. Daß er aber rein von aller Sünde
und in seinem Wandel ein makelloses Vorbild sei (Joh.
8, 46), spricht er aufs klarste aus. Sein Beispiel vor
allem ist das, was uns belehren kann. „Lernet von mir,
denn ich bin sanftmütig und demütig von Herzen."
(Matth. 11, 29.) Woher er diese Überzeugung von seiner
absoluten Sündenlosigkeit gehabt habe, das ist, wenn man
nicht annehmen will, daß sein ganzer früherer Wandel
ihm vollständig vor Augen gestanden, entweder auf eine
eigene, ihm in bezug darauf gewordene Offenbarung zurückzuführen, oder es ergab sich auch daraus, daß er
sich als den Messias erkannt zu haben glaubte, der von
den Propheten als vollkommen ohne eigene Schuld und
nur mit der Schuld seiner Mitmenschen belastet ge-

schildert worden war. Die heiligen Schriften des alten Testaments waren ja von Kindheit auf der Gegenstand seiner Betrachtung.

5. Nach dem, was wir über das gesagt, was Jesus von Gott und von seiner eigenen Person und Mission geglaubt hat, ist es uns nunmehr wesentlich erleichtert, ein treffendes Bild von seiner ganzen Weltanschauung zu entwerfen, welche wie seine Meinung von sich selbst und seiner Sendung unter dem Einfluß der bei seinem Volke traditionellen Vorstellungen sich gebildet hatte. Ihm waren ja die Bücher der Schrift untrügliche heilige Urkunden und die Aufzeichnungen göttlicher Offenbarung.

6. Nach ihm gibt es wie einen einzigen Gott, so auch eine einzige Welt, die im Vergleich zu Gott, dem unendlich Vollkommenen, von verschwindender Vollkommenheit ist.

7. Im Raum beschränkt, hat sie auch zeitlich einen Anfang genommen und wird, von Gott ursprünglich aus nichts hervorgebracht, durch seine schöpferische Kraft fort und fort im Dasein erhalten.

8. Sie umfaßt Geschöpfe verschiedenen Ranges: reine Geister, Körper und den Menschen, der aus Geist und Körper zusammengesetzt, gewissermaßen in der Mitte steht, dem Geiste nach unsterblich, dem Körper nach vergänglich ist. Pflanzen und Tiere werden zu dem rein Körperlichen gerechnet.

9. Die Körper zerfallen in die himmlischen und irdischen. Jene sind die vollkommeneren. (Matth. 5, 34. 35.)

10. Und auch unter den reinen Geistern sind noch die einen den anderen der Natur nach überlegen, obwohl selbst die niederste Art unter ihnen den Menschen der Natur nach übertrifft. So möchte man meinen, müsse die Erde eine relativ unbedeutende Rolle spielen.

11. Nichtsdestoweniger sollte sie und ihre Geschichte der Gegenstand des vorzüglichsten Interesses werden. Dies kam daher, weil Gottes Ratschluß einen der Menschen auserkoren hatte, um ihn vor allen zu begnadigen und die ganze übrige Welt und jedes Ereignis in ihr so

zu ordnen, daß es zu seiner größeren Verherrlichung
diene. Und dieser Mensch war Jesus.

12. Im einzelnen betrachtet, geschah dies in folgender
Weise. Seiner Geburt ging eine lange Kette von Ereig-
nissen voran. Zu ihnen gehört die Erschaffung der
reinen Geister und die Empörung gegen Gott, deren sich
ein Teil derselben schuldig machte. Von den treu gebliebenen wurden die abtrünnigen besiegt und aus dem
Himmel verdrängt, doch war der Sieg nicht so vollständig, daß ihre Macht ganz gebrochen wurde. Die
ganze Erde, deren Innerstes ihnen, wie es scheint, als
Ort der Qual angewiesen war, blieb in gewisser Weise
ihrer Herrschaft unterworfen (Joh. 12, 31; 14, 30; 16, 11),
bis Jesus sie auch hier zunichte machte, der so durch
die größere Tragweite seines Sieges dem ganzen Reich
der himmlischen Heerscharen überlegen erscheint; denn
was die ganze Schar der reinen Geister weder in dem
ersten Kampfe, noch später, wo sie schützend dem Einfluß der Hölle zu wehren suchten (Matth. 18, 10), hatte
erreichen können, wird dann von ihm vollbracht. So
sehen wir alles zu seiner größeren Verherrlichung vor-
gesehen. Die Bitten des Vaterunsers „zu uns komme
dein Reich, dein Wille geschehe, wie im Himmel, also
auch auf Erden" scheinen sich auf diese Vollendung
des Sieges über die bösen Engel zu beziehen. Konsequent dem Geiste dieser Weltanschauung ist es, wenn
Kirchenväter den Fall der Engel dadurch veranlaßt
glauben, daß ihnen von Gott verkündet worden sei, daß
er einen Menschen schaffen werde, den sie trotz der In-
feriorität der menschlichen Natur als ihren König anzuerkennen haben würden.

Auch in der ganzen folgenden Geschichte sowie in
ihrem Abschluß dienen diese Engel zur größeren Verherrlichung des gotterwählten Menschensohnes, indem die
einen untergeordnete Diener bei der Ausführung seines
großen Werkes sind (Matth. 4, 11 u. ö.), die anderen durch
ihre Niederlage seinen Ruhm erhöhen. Und so werden
auch die einen am Ende der Weltgeschichte als Satel-
liten ihn umgeben (Matth. 16, 27), die anderen in ihrer
ewigen Machtlosigkeit und Qual zu seinem Triumphe
beitragen.

13. Auf die Schöpfung der Geister folgte die der Körperwelt und, nachdem Himmel und Erde geschieden und als höchstes der irdischen Lebewesen der Mensch geschaffen war, von dem das ganze Menschengeschlecht und auch Jesus selbst abstammen sollte, wurde ihm ein Paradies als Aufenthalt zugewiesen, worin er Aussicht hatte, in ungetrübter Freude unsterblich zu leben. Allein durch seinen Ungehorsam gegen Gott machte er sich und alle seine Nachkommen dieses Glückes verlustig. Ja, als Folgen stellten sich bei ihnen nicht nur Mühsal und Tod, sondern auch eine Fülle von Versuchungen ein, so daß schon von den Söhnen Adams einer den anderen erschlug, und dann die Sünde fortwucherte. Der erste Ungehorsam hatte mit Lockungen eines gefallenen Engels zusammengehangen, der selbst bis in das Paradies eingedrungen war. Und so war denn auch auf die daraus Vertriebenen der Einfluß der bösen Geister ein übermächtiger und höchst verderblicher. (Matth. 13,39; Luk. 8,12.) Wie aber der Sündenfall der Engel selbst, so war auch der Fall der ersten Menschen und die Zunahme des Lasters in den folgenden Generationen zugelassen in Rücksicht auf das von Gott vor allen auserwählte Geschöpf, zur Verherrlichung Jesu.

14. Man hätte meinen können, Gott hätte ihn, um ihm die vorzüglichste Stellung zu verleihen, zum Stammvater des ganzen Menschengeschlechts machen sollen. Allein, noch herrlicher, als er als solcher erschienen wäre, erschien er als Erlöser der gefallenen Menschheit. Wenn es sich dort um den Gegensatz zwischen Nichtsein und Sein gehandelt hätte, so handelt es sich hier um den noch viel mächtigeren und bedeutenderen zwischen tiefster Unseligkeit und Erlösung aus ihr und Verleihung des höchsten Glückes.

15. Damit derselbe noch mehr sich zeige, so folgte noch eine lange Vorgeschichte, ehe Jesus als Erretter erschien, welche sich wesentlich als die Geschichte einer fortschreitenden Verderbnis (vgl. Paulus im Römerbrief) darstellt. Wie das Kind trotz mancher Untugenden doch noch lange nicht so schlecht erscheint, als der in Lastern erwachsene Verbrecher, so auch das Menschengeschlecht in den sündig gewordenen Stammeltern, verglichen mit

dem, was bei ihren Nachkommen von sittlichen Greueln hervortrat. Zuerst kam eine Periode sich häufender Verbrechen, in welcher schließlich nur eine Familie fortfuhr (die des Noah), Gott zu dienen, und welche damit endete, daß eine Sündflut alle Menschen bis auf diese einzige Familie verschlang. Allein auf diese Art gegenüber der verderbten Menschheit isoliert, verfielen die Nachkommen Noahs dann selbst wieder ganz überwiegend der Abgötterei und allen Lastern, worauf aufs neue in anderer Weise eine Familie von Gott ausgeschieden wurde, damit in ihr und dem Volke, zu welchem sie sich erweitern sollte, die wahre Gottesverehrung erhalten werde. Es war dies die Familie des Abraham, dem ebenso wie seinem Sohne Isaak und seinem Enkel Jakob sich mehrfach Gott offenbarte. Die Erinnerung an den Sündenfall und die Hoffnung auf einen kommenden Erlöser, der ihrem Samen entsprießen sollte, war in ihnen lebendig.

Doch wie immer dies die nachfolgenden Generationen dieser Familie gegenüber anderen auszeichnete, verfielen auch sie wieder einem traurig erniedrigten Zustand. Es trug dazu ihr Leben inmitten von Götzendienern und die Knechtschaft bei, in welche sie diesen gegenüber verfallen waren. Da geschah es, daß Moses sie aus ihr befreite, sie in der Wüste religiös erneuerte und eine gesellschaftliche Ordnung unter ihnen aufrichtete, welche sich nach der Eroberung des gelobten Landes in einer Staatenbildung vollendete. Es fand sich darin eine Priesterkaste mit geistlicher Gewalt und ein Königtum, und außerdem traten von Zeit zu Zeit gotterleuchtete Männer auf, die Propheten, welche das Volk und die Könige durch ihre Predigt zum Guten mahnten, durch Wunderzeichen ihre Sendung beglaubigten und Künftiges voraussagten, indem sie insbesondere auch immer neu auf den kommenden Erlöser hinwiesen. Trotz aller dieser Maßnahmen riß aber das Laster aufs neue ein, die Propheten wurden getötet, der Staat zerfiel in zwei Reiche, deren eines gänzlich unterging, während das Volk des anderen gefangen nach Bábylon abgeführt wurde und später unter die Herrschaft der Griechen und dann der Römer geriet. Die Propheten verstummten

und die priesterliche Gewalt, die allein noch übrig geblieben, war nicht von einem entsprechenden Beispiel
begleitet. Und so war dies auserwählte Volk ganz ebenso wie die übrigen Völker dem sittlichen Verderben verfallen, obwohl in ihm die Hoffnung auf den Erlöser noch
lebte. So lag denn die Menschheit im tiefsten Verderben,
das durch nichts und auch nicht durch die mächtigsten
Eingriffe, wie die Sündflut, die Auserwählung Abrahams
und die Sendung des Moses und die Errichtung einer
königlichen und priesterlichen Gewalt und das Auftreten
einer Reihe gotterleuchteter Männer hatte aufgehalten
werden können, als Jesus geboren wurde. Indem dieser
dann die Menschheit wahrhaft erneuert, zeigt sich das
von ihm vollbrachte Werk in vollster Größe. Er gibt sich
dabei selbst als Sühnopfer für die Schuld der Menschheit hin. Alle, die sich glaubend mit ihm verbinden,
werden übernatürlicher Tugend teilhaft, und die von ihm
gegründete Kirche, für deren hierarchische Ordnung die
von Moses gegebene Vorbild ist, die aber mit dem
Kastensystem bricht, wird unter schweren Kämpfen mit
dem Bösen bis ans Ende der Welt fortbestehen. Zuerst
wie ein Senfkörnlein klein, wird sie zu einem Baume
erwachsen, der die ganze Erde überschattet. Die im
Glauben mit Jesus Vereinigten werden wie er Wunderwerke üben (Joh. 14, 12) und ihre Tugend durch Stand-
haftigkeit im Leiden und Tod bewähren; denn Jesu
eigenes Leben lebt auch in ihnen (Joh. 15, 4 usw.).
Doch wie nur ein Teil der Engel sich treu zeigte, so
wird auch von den Menschen nur ein Teil durch Jesus
gerettet und beseligt werden. Überall hebt sich das
Gute im Kontrast mit dem Schlechten. Dann wird er als
Auferstandener in Herrlichkeit wiederkehren, die vom
Tode erstandene Welt richten, die ihm Getreuen an seiner
Herrlichkeit auf ewig teilnehmen lassen, indem er sie
insbesondere zur Anschauung Gottes führt, während
seine Feinde, auf ewig davon ausgeschlossen und zu nie
endenden Qualen verdammt, eben dadurch seinen
Triumph noch glorreicher erscheinen lassen. So ist denn
die ganze Weltgeschichte im Grunde nichts als seine
Geschichte. Alles ist zu ihm geordnet und dient in gewisser Weise, ihn herrlicher erscheinen zu lassen. Und

darum kann man auch sagen, daß der ewige schöpferische Gedanke der jenes Menschensohnes war, um deswillen alles andere ist, was entstanden ist. Und so
verdient er im besonderen der Sohn Gottes und der Gedanke Gottes genannt zu werden.

Die Weltanschauung Jesu war also nicht bloß geo-
zentrisch, sondern auch christozentrisch und zwar in
solcher Weise, daß um die Person des einen Menschen
Jesus sich nicht bloß die ganze Erdgeschichte, sondern
auch die der reinen Geister, der guten wie der bösen,
ordnet und in jeder Hinsicht nur durch die Zweckbe-
ziehung zu ihm ihr Verständnis findet. Die Welt ist
nicht bloß in Rücksicht auf den einen allwaltenden Gott,
sondern auch in Rücksicht auf diejenige Kreatur, die vor
allen anderen sein Ebenbild ist, eine Monarchie zu
nennen.

Sollen wir sagen, daß Jesu Weltanschauung auch
jüdäozentrisch gewesen sei, wie die der Mehrheit seines
Volkes es sicher war? Es nannte sich das auserwählte
Volk, und auch er glaubte, daß es diesen Namen in gewissem Sinn mit Recht trage, weil von ihm der ausgehen sollte, der von Gott zum König des Universums
bestimmt war, nicht aber in dem Sinne, daß es so wie
dieser sein vornehmster Sprößling für immer vor allen
anderen Menschen ausgezeichnet und höherer Gnaden
als sie gewürdigt werden sollte. Ihm wurde früher als
anderen die Kunde von dem Erlöser, aber früher berufen,
sollten die Juden doch an den Segnungen der Erlösung
nicht mehr als die später berufenen Völker teil haben. Alle
mit Jesus Vereinigten haben gleichmäßig auch teil an
seiner Gerechtigkeit und Herrlichkeit. (Matth. 28, 18 ff.)

16. Wir haben, indem wir die Weltanschauung Jesu
auf Grund der Evangelien uns deutlich zu machen suchten, Sorge getragen, sie so zu fassen, daß sie von unmittelbaren Absurditäten frei erscheine [5]). Daß sie aber
auch so gedeutet, höchst befremdliche Momente enthalte,
ist unverkennbar. Wenn Jesus nicht als Gott angebetet

---

[5]) Natürlich ohne dabei dem Texte Gewalt anzutun. So haben
denn auch andere Ausleger, wie z. B. der dem Evangelium treu
anhängliche Zinzendorf, die Trinitäts- und Inkarnationslehre ganz
ähnlich, wie ich es tun zu müssen glaube, gedeutet.

werden wollte, so nahm er doch eine Würde für sich
in Anspruch, wie es wohl nie ein anderer Lehrer getan
hat; denn die ganze weite Welt um ihn her ist nach ihm
nur da, um, wie den Gott, auch ihn zu verherrlichen.
Auch erkennt man sofort, daß diese Weltanschauung
unhaltbar ist; denn um die augenfälligsten Absurditäten
zu vermeiden, mußten wir bei der Auslegung uns von
der Kirche lossagen, mit der er doch für immer vereinigt sein und die darum bis ans Ende der Welt in der
Wahrheit erhalten werden sollte. Wie es kommen
konnte, daß er, der sich selbst demütig nennt, so maßlos
hoch von sich dachte, daß ist einzig daraus zu begreifen,
daß er in dem Glauben des jüdischen Volkes erwachsen
und so insbesondere mit ihm einig war in der Erwartung
des kommenden Messias. Indem er nun dazu gelangte,
sich selbst für diesen Messias zu halten (und bei
welchem anderen, der in der Geschichte aufgetreten,
wären die denselben betreffenden Weissagungen scheinbarer erfüllt?), mußte er all das Große und Göttliche, was
an verschiedenen Orten der Schrift von ihm ausgesagt
wird, in sich verwirklicht glauben. Wenn es heißt „er
sprach wie einer, der da Macht hat", so zeigt sich, wie
die Überzeugung davon, daß alles ihm untergeben sei,
sich in der ganzen Weise seiner Rede fühlbar machte. Wo
es sich um ihn handelt, handelt es sich um das Himmelreich, ein Ausdruck, dessen er sich wieder und wieder
bedient, wenn er eine seiner Parabeln einleitet. War er
aber selbst nicht das, wofür er sich hielt, und ist auch
seine Weltanschauung nicht die wahre, abschließende
Lösung des Welträtsels, so war er doch jene Persönlichkeit, welche mächtiger als jede andere in die Geschichte der Menschheit eingegriffen hat, und wenn sein
Leiden und sein Tod nicht jene Erlösung und Heiligung
brachten, welche er sich davon versprochen hatte, so
hat doch das erhabene und heilige Beispiel, das er gegeben, und die Hoffnung auf eine jenseitige Glückseligkeit, die er neu erweckt, aufs segensreichste eingewirkt
und dieser Nachwirkung wird kein Ende sein.

Wenn man fragt: „Sind wir noch Christen?", so werden wir, ehe wir antworten, bestimmen müssen, in
welchem Sinne die Frage gestellt wird. Gewiß sind es die

Vorgeschrittensten nicht mehr in der Weise, daß sie mit
Christus seine ganze Weltanschauung teilen, wohl aber
in dem Sinn, daß sie sich ihn in sehr wesentlichen Beziehungen im Denken und Tun zum Lehrer und zum
Vorbild nehmen, und zum Heile der Menschheit dürfen
wir hoffen, daß dies in der kommenden Zeit nicht weniger, sondern noch mehr der Fall sein werde.

Die katholische Kirche spricht von solchen, die zwar
nicht äußerlich mit ihr vereinigt und sozusagen leiblich
ihre Glieder, aber doch zu ihrer Seele gehörig seien.
Und gewiß würde Jesus diejenigen, welche auf sein Beispiel blickend ihm in der Liebe zum Vater ähnlich zu
werden und, so wie er alle seine Brüder geliebt, einer
dem anderen in Liebe zu dienen suchen, wenn er wieder-
käme, nicht als seine wahren Jünger verleugnen.

Vielleicht wird einer die hier von mir ausgesprochenen
Hoffnungen eitel nennen, weil der mächtige Einfluß, den
Jesu Lehre und Beispiel auf die Menschheit geübt,
wesentlich damit zusammenhänge, daß man ihm eine
göttliche Natur zugeschrieben und so zu einem Glauben
sich bekannt habe, an dem, nach meinem eigenen Zuge-
ständnis, die Vorgeschrittensten schon heute nicht mehr
festhalten. Diese aber übersehen, daß die Möglichkeit
solchen Einflusses so wenig erst mit dem Glauben an die
Gottheit Jesu beginnt, daß vielmehr gerade der Blick auf
sein Beispiel, wie es in der Erzählung der Evangelien
uns vorliegt, eines der kräftigsten Motive gewesen ist, die
zum Glauben an das göttlich Überragende seiner Person
geführt haben. Kein anderes ist auch in der Geschichte
der seitdem verflossenen Jahrhunderte zu finden, das
ihm zur Seite gestellt werden könnte, und je mehr diese
Jahrhunderte zu Jahrtausenden anwachsen, um so mehr
wird dadurch etwas gegeben sein, was es auszeichnet
und uns bei der eigenen Lebensführung vorleuchten
läßt.

Über Pascals Gedanken zur Apologie des christlichen Glaubens.

1. Nie hat ein größerer Geist als Pascal eine Apologie der kirchlichen Lehre zu schreiben unternommen, und nie war der Standpunkt, den er dabei einnahm, mehr als bei ihm verfehlt.

Er will zum Glauben an die katholische Kirche führen und leugnet die Möglichkeit jener Vernunfterkenntnisse, welche die Kirche selbst als praeambula fidei bezeichnet.

Er bekennt den Papst als Oberhaupt der Kirche und fordert doch mit den Jansenisten zur Opposition gegen ihn auf, und zum voraus protestiert er gegen das vatikanische Dogma der Infallibilität des Papstes und will nachweisen, wie eine solche Bestimmung dem allgemeinen Charakter aller göttlichen Institutionen widersprechen würde.

2. Um zu zeigen, wie nur die Kirche in ihren Glaubenslehren uns das Rätsel der Welt zu lösen verstehe, malt er das Elend der Menschen in den düstersten Farben. Nur als Folge der Erbsünde soll es verständlich zu machen sein. Allein die Kirche selbst behauptet keineswegs, daß Gott nicht auch ohne die Dazwischenkunft der Erbsünde den Menschen mit denselben Dispositionen wie jetzt hätte schaffen können. Sie betrachtet ihn auch schon um seiner bloß natürlichen Gaben willen als Gott zu hohem Dank verpflichtet. Und so wäre denn nach ihr der Zustand des Menschen ohne Zuhilfenahme eines Gedankens der Erbsünde begreiflich, und wenn dieser selbst nach Pascals eigenem Wort den Gipfel der Paradoxie darstellt, so kann gewiß nichts unrichtiger sein, als daß gerade dieses Dogma die Annahme der kirchlichen Lehre erleichtere.

In Wahrheit gelingt es Pascals eigentümlichem stilistischen Talent vielerlei Antithesen zu bilden, welche uns den Menschen zugleich groß und klein erscheinen lassen. Allein, daß er sich infolge davon als eine widerspruchs-

volle Karikatur darstelle, wird man bei einigermaßen
aufmerksamer Würdigung nicht zugeben können.

Es ist wahr, daß der Mensch, seinem Körper nach
betrachtet, dem Weltganzen gegenüber verschwindend
klein ist, und daß es doch auch Körperchen gibt, die
wieder seiner Größe gegenüber verschwinden. Und auch,
daß sein Blick weder jenen unermeßlichen Sternenhimmel
noch diese verschwindend kleinen Teile sich zur Klarheit
zu bringen ausreicht. Allein liegt in dieser Beschränkung
ein Vorwurf für den Werkmeister, und hat es nur die
mindeste Wahrscheinlichkeit, daß sie erst als Folge
der Erbsünde eingetreten sei?

Auch das ist richtig, daß sich unser Seelenleben immer
in Veränderung begriffen zeigt. Aber wenn Pascal auch
in dieser ewigen Unruhe etwas Ungehöriges und gewissermaßen Widernatürliches finden will und gute Lust
zeigt, sie auf die Erbsünde zurückzuführen, so wird
doch eine einigermaßen gründliche Psychologie diese
ganze Unruhe als eine Folge davon erkennen, daß von
unseren Seelentätigkeiten jede ihrer Natur nach ein
Leiden ist und darum nur fortbesteht, indem sie fort
und fort neu gewirkt wird, während vieles andere in der
Welt sich selbst erhält, bis es in seinem Bestande gestört
wird. Daß dem vor der Erbsünde anders gewesen, dürfte
auch von denen, die an sie glauben, keiner für wahrscheinlich zu halten geneigt sein.

Gewiß, es gibt viel Leid, viel Irrtum, viel Untugend in
der Menschenwelt, aber wenn dies nur unter Annahme
der Erbsünde mit der Güte Gottes vereinbar wäre, wie
sollte dann die Zulassung der Erbsünde selbst mit der
Güte Gottes vereinbar gewesen sein, da Gott ja ohne
jede Beeinträchtigung der Freiheit dieselbe hätte ver-
hindern können? Und wenn Pascal behauptet, nur die
Hypothese der Erbsünde biete sich als mögliche Erklärung jener Mißstände, hat er da in irgendwie ge-
nügendem Maße der Regel aller Forschung Rechnung
getragen, Umschau zu halten, ob nicht auch andere
Hypothesen neben ihr denkbar seien? Wenn er vergleichend auf andere Erscheinungen der lebenden Welt
geblickt hätte, so hätte er gefunden, daß das Wort Jesu:
„viele sind berufen, aber wenige auserwählt“ sich in

analoger Weise auf den verschiedensten Gebieten bewährt zeigt. So führt die Mehrheit des Samens zu keiner
Befruchtung. Und wiederum wird nur der kleinere Teil
der Früchte Ausgang für die Entwicklung einer neuen
Pflanze. Die Hälfte der Kinder stirbt, ohne zum Alter
der Reife zu gelangen usw. So kommen denn auch
die künstlerischen und wissenschaftlichen Anlagen und
viele andere Talente in den seltensten Fällen zu höherer
Ausbildung. Wenn nun der Satz, daß viele berufen und
wenige auserwählt sind, sich als ein allgemeines Gesetz
der Entwicklung erkennen läßt, welches gewiß nicht mit
dem Sündenfall in Zusammenhang gebracht werden kann,
wie sollten wir uns allzusehr darüber wundern, wenn es
auch auf dem sittlichen Gebiete zutage tritt, ja in dieser
Tatsache etwas so Rätselhaftes erblicken, daß wir zu
ihrer Erklärung die Lehre von der Erbsünde für nötig
halten? Die Natur hat, statt uns das Wissen und die
Tugend angeboren sein zu lassen, vorgezogen, uns die
Aufgabe zu stellen, sie selbsttätig zu erwerben. Sollte
Aristoteles so ganz unrecht haben, wenn er diesem
Zug der natürlichen Ordnung Bewunderung zollt? Und
erscheint derselbe nicht ebenso Gottes würdig, als die
angebliche Zulassung eines Sündenfalles, der das ganze
Geschlecht infizierte? Als Folge einer solchen Einrich-
tung scheint sich aber dann die ganze Fülle von Irrtum
und Untugend ohne weiteres begreifen zu lassen, die
Pascal aus der Erbsünde erklären will. — Daß auch die
Leiden nicht alle auf die Erbsünde zurückzuführen
seien, zeigt genugsam der Blick auf die Tierwelt, die doch
Pascal selbst nicht als mitschuldig betrachtet.

Zu den inneren Gegensätzen im Menschen, auf welche
Pascal verweist, gehört auch der zwischen den sinnlichen Leidenschaften und dem sittlichen Wollen. Daß
aber die Affekte nicht allgemein gesprochen etwas Böses
sind, ist offenbar; Pascal selbst erkennt es einmal in
bezug auf alle, die irasciblen wie concupisciblen an, und
leicht wäre es zu erweisen, daß, wie unschön sie in
ihren Ausschreitungen erscheinen, durch ihren Entfall
doch unvergleichlich höhere Güter verloren gingen. Sie
sind wie Pferde, die zu bändigen sind, und in ihrer mehr
oder minder vollkommenen Beherrschung besteht zum

großen Teil die Tugend, von der wir eben sagten, daß
ihre Erwerbung uns als Aufgabe gesetzt sei.

Wenn wir auf die Neigungen achten, die uns unabhängig von ethischen Reflexionen über das wahrhaft Vor-
zügliche bestimmen, so finden wir, daß sie ähnlich wie
bei den Tieren selbstsüchtig oder ipsissimistisch erscheinen, haben doch die Instinkte der Tiere auf Erhaltung des einzelnen und der Art einen Bezug, ähnlich
wie schon die rein vegetativen Betätigungen der Pflanzen.
Wenn nun die ethische Reflexion zur Rücksicht auf das
Gute im allgemeinen und zu einem Gebot der Nächstenliebe wie sich selbst führt, so treibt sie unvermeidlich
dazu, gar manchmal in Widerstreit mit den instinktiven
Neigungen zu treten und ein ihnen wenig genehmes
Opfer zu bringen. Allein, wer so weit gehen wollte, die
Rücksicht auf die anderen in solchem Maß zu nehmen,
daß er, was sowohl niedere als die höchsten Güter betrifft, für sich und die seinigen nicht m e h r Sorge tragen
wollte als für Fremde, der würde keineswegs zu loben
sein, und bei reiferer Überlegung würde er, wie dies
nach Pascals eigener Bemerkung gar oft geschieht, zu
einer Handlungsweise zurückkehren, die, wenn auch
unter Maßgabe höherer Motive, dem wozu er v o r aller
Reflexion sich getrieben fühlte, ähnlicher wäre. Und so
zeigt sich wieder, daß auch die blinden Neigungen in
ihrer allgemeinen Tendenz von der Natur zweckmäßig
geordnet sind, so sehr sie auch in ihren Beweggründen
des Adels entbehren. In welchem Lichte erscheinen
hiernach die Exklamationen Pascals über die Verderbt-
heit der menschlichen Natur, welche dazu dränge, sich
selbst vor anderen zu lieben, da doch die Gerechtigkeit
hier die Gleichheit für alle verlange! Muß nicht von ihm
hier das gesagt werden, was er von anderen sagt: daß es
nur einer noch weitergehenden Überlegung bedurft hätte,
um ihn von dem Entsetzen über eine extreme Diste-
leologie zur Bewunderung einer des göttlichen Werk-
meisters würdigen Einrichtung zu führen, welche sehr
wichtige Ergebnisse, zu welchen die sittliche Überlegung
schließlich gelangt, uns instinktiv antizipieren läßt und
uns dadurch Vorteile verschafft, welche durch alles
das Unliebsame, was später aus dem Kampf von Fleisch

und Geist in einzelnen Fällen sich ergibt, nicht entfernt
aufgewogen werden?

Aber Pascal, der immer nur nach der einen Seite
blickt, hat nicht bloß diese Überlegungen nicht angestellt, sondern geht in seiner Voreingenommenheit so
weit, sogar d a s als Zeichen einer verderbten Natur aufzufassen, daß die Menschen eine lange Einsamkeit nicht
wohl ertragen können, vielmehr dringlich nach der Gesellschaft anderer verlangen. Als ob nicht die größere
Bedeutung des Menschen seine Nähe viel anregender
empfinden lassen müßte, als die anderer lebender oder
gar lebloser Wesen, und als ob nicht mit diesem Ge-
selligkeitstrieb die Befreundung und die so segensreiche
Verbindung vieler zur Erreichung höherer Zwecke zu-
sammenhinge!

Pascal staunt über die so häufige Gleichgültigkeit der
Weltkinder gegenüber den auf das Ewige bezüglichen
Fragen, womit doch die nach ihrem Heil aufs innigste
zusammenhängen. Ohne Verdunklung der Vernunft durch
die Erbsünde sei dieselbe unbegreiflich. Allein, wenn
einen anderen, so könnte sie doch nicht den zu einem
solchen Gedanken führen, der wie Pascal glaubt, daß
die Menschen v o r dem Sündenfall so töricht sein konnten, sich an das Wort der Schlange mehr als an das
Gottes zu halten und um des Genusses eines Apfels
willen ihr ganzes Glück in Gefahr zu bringen.

Das starke Betonen der Mißstände, welches die Welt,
wie die Erfahrung sie zeigt, als mit der Güte Gottes unvereinbar erscheinen lassen soll, außer unter Annahme der
Erbsünde, würde gewiß bei denen, die sich hierin von
Pascal überzeugen ließen, selten die von ihm gewünschte
dem Glauben günstige, sondern meist eine sehr unheilvolle Folge haben. Sie würden nämlich nicht damit
enden, sich zu der Erbsünde zu bekennen, sondern wie
es die modernen Pessimisten tun, die Güte Gottes zu
leugnen und sein Dasein selbst als mit den Tatsachen unvereinbar zu verwerfen.

3. Pascal war gewiß ein Freund der Wahrheit, allein
nachdem er einmal die Rolle eines Advokaten übernommen hat, ergeht es ihm wie fast ausnahmslos auch
den rechtlichsten Sachwaltern, die unbewußt parteiisch

werden. Sie wenden ihren ganzen Scharfsinn dazu an, aufzufinden, was für ihren Klienten spricht, und erkennen so gar oft, wenn es auch noch so nahe liegt, nichts von dem, was für die Gegenpartei zeugt. Die Absurditäten nicht christlicher Religionen fallen nach ihm gar sehr ins Gewicht, und er fühlt keine pyrrhonistische Anwandlung, sich hier von einem verdammenden Urteil zurückzuhalten. Wenn aber einer auf die unlöslichen Widersprüche in christlichen Dogmen hinweist, wie z. B. auf die in der Trinitätslehre, um derenwillen Giordano Bruno den Flammentod erduldet hat, oder auf die in der Inkarnationslehre (in deren Konsequenz es läge, daß jeder Mensch nicht bloß, sondern auch jedes Tier, z. B. der ägyptische Apis, und jede Pflanze oder jeder Stein, ja die ganze Welt in Wahrheit Gott werden könnte, so daß man sich fragen müßte, warum Gott in seiner unendlichen Güte einer so geadelten Welt nicht den Vorzug gegeben habe); und wieder auf die in der eucharistischen Lehre (nach welcher Akzidenzien ohne Substanz bestehen, und durch Umwandlung etwas zu etwas werden soll, was schon ist), so ergeht er sich, statt einen Versuch zu machen, diese Lehren mit der Vernunft in Einklang zu bringen, nur in den gröblichsten Insulten gegen die Anmaßung der Vernunft, welche darüber urteilen wolle, ob ein wahrer Widerspruch vorliege.

Ich denke aber, sogar dazu hat sie ein Recht, das ganze Verfahren von Pascal als in sich selbst widersprechend zu bezeichnen, wenn er einerseits unsere Urteilskraft als so völlig impotent hinstellt und andererseits es doch unternimmt, mit seinen Argumentationen der Sache des Glaubens einen Dienst zu leisten.

4. Ebensowenig wie die unlöslichen Widersprüche der Dogmen selbst machen ihm die Konflikte, in welchen kirchliche Definitionen oder auch die Heilige Schrift mit den Ergebnissen der wissenschaftlichen Forschung treten, irgendwelche Bedenken. Daß die Himmelfahrt sich mit der Anschauung, die man jetzt von dem Himmel hat, dem die Erde ganz so wie die anderen Planeten und die Sonne und die Fixsterne mit ihren etwaigen Planeten und Monden zugehören, nicht zu vertragen scheint, berührt er mit keinem Wort, und die naive Kindlichkeit des mosaischen

Schöpfungsberichts so wenig als die der Jesu selbst und dem Apostel Johannes in der Apokalypse zugeschriebenen Äußerungen über die dem Weltgericht vorangehenden astronomischen Ereignisse scheint ihm irgend etwas zu verschlagen. Wie sehr würde er diesem allen Bedeutung zugeschrieben haben, wenn er sich die Sache von der gegnerischen Seite ebenso scharf angesehen hätte!

Eine Bestätigung für das, was ich sage, liefert eine Stelle im XVIII. Brief der lettres provinciales, wo er diejenigen verteidigt, welche sich weigern, anzuerkennen, daß fünf von dem Papst dem Jansenius zugeschriebene Sätze wirklich in dessen Schrift enthalten seien. Hier betont er, daß man seinen Augen mehr zu glauben habe, als der Behauptung des Papstes, und fügt weiter noch bei, daß man ähnlich in einem Falle wie dem Galileis, wo der Papst verlangt hatte, er solle abschwören, was wissenschaftlich festgestellt war, nicht an die Behauptung des Papstes, sondern an die Aussagen der Vernunft sich zu halten habe. Wenn man dies mit der Weise vergleicht, wie in den Pensées jeder Anspruch der Vernunft auf Berücksichtigung der in den Dogmen zutage tretenden Widersprüche als unerträgliche Anmaßung zurückgewiesen wird, so möchte man kaum glauben, daß es derselbe Mann sei, der zu uns spreche.

5. Es ist kein Zweifel, daß Pascal bei seinem Streben, die Glaubwürdigkeit der Kirche darzutun, oft eine bewundernswerte Feinheit zeigt. Allein ich wage zu behaupten, daß jedes der von Pascal zugunsten der Kirche erbrachten Argumente sich ins Gegenteil würde verkehren lassen, und keiner wäre geschickter gewesen, dies zu tun, als Pascal selbst, wenn er seinen Scharfsinn in Diensten des entgegengesetzten Interesses hätte verwenden wollen.

6. Pascal stellt in einer seiner Pensées[1]) die vorzüglichsten Argumente, die ihm für die Kirche zu sprechen scheinen, in einer Zwölfzahl zusammen. Es wird gut sein, auf jedes derselben im besonderen einen Blick zu werfen.

---

[1]) Oeuvres complètes de Blaise Pascal, Paris, librairie de L. Hachette et comp. 1869, Tome I, Article XI², 12 (p. 312).

7. Als erstes Argument gebraucht er den Hinweis auf die Einführung und Ausbreitung der christlichen Religion ohne Waffengewalt und trotz den Hindernissen, welchen eine Lehre, die den natürlichen Neigungen des Menschen so sehr widerspreche, auch innerlich habe begegnen müssen.

Würde Pascal die Sache der Gegenpartei übernommen haben, so würde er wohl hier darauf hinweisen, daß

I. andere Religionen, die auch der Sinnlichkeit des Menschen nicht schmeicheln und bei ihrer Einführung und Ausbreitung keiner Gewaltmittel sich bedienten, ja schwere Verfolgungen erlitten, wie der Buddhismus, sich ähnlich ausgebreitet und erhalten haben;

II. die christliche Religion zwar in ihren ersten Anfängen sich keiner Gewaltmittel bediente, wohl aber in der späteren Zeit, sowohl zur Erweiterung ihrer Herrschaft nach außen, als zu deren Erhaltung im Innern. Man denke an das Verfahren Karls des Großen gegenüber den Sachsen, an die Kreuzzüge gegen die Waldenser und Albigenser, an die Bartholomäusnacht, an die Vertreibung der Hugenotten durch Ludwig XIV. und an die Scheiterhaufen der Inquisition. Schon unter Konstantin begann die Staatsgewalt, und wie das Beispiel Theodosius des Großen zeigt, auch zugunsten der sogenannten Orthodoxie einzugreifen. In Spanien haben sich die katholischen Könige viel intoleranter als jemals zuvor die mohammedanischen gezeigt. Und auch heute üben die Christen mehr Gewaltsamkeit gegen die Mohammedaner aus als umgekehrt, so daß man, alles in allem genommen, es fraglich nennen könnte, wer von beiden mehr von weltlichen Mitteln in Sachen der Religion Gebrauch gemacht habe, der Mohammedanismus oder das Christentum.

III. Wenn Pascal sagt, die christliche Religion widerspreche den natürlichen Neigungen des Menschen, so erscheint dies in auffallendem Gegensatz zu dem berühmten Wort Tertullians, welcher geradezu behauptet, der Mensch sei von Natur Christ[2]). Wenn die christ-

---

[2]) „O testimonium animae naturaliter christianae". Tertullianus, liber apologeticus, cap. 17.

liche Plichtenlehre eine vielfache Selbstüberwindung
von uns verlangt, so findet sie doch auch in unserm
natürlichen Gewissen einen Bundesgenossen, und
das Edel-Schöne der Tugenden, die sie empfiehlt, gefällt unserm Gemüt wohl und lockt es an. Auch stellt
das Christentum für den, der seinen Geboten nach-
kommt, einen überschwänglichen Lohn in Aussicht,
dem gegenüber die zu bringenden Opfer gering erscheinen. Und wenn es uns von ewigen Freuden
spricht, so stellt es dieselben nicht selten in sinnlichen
Bildern dar, wie es denn z. B. von einem himmlischen
Hochzeitsmahle spricht und von einem Throne, auf
welchem die treuen Anhänger Jesu neben ihm sitzen
und seine Herrschaft teilen werden. So wird der
Himmel oft auch Paradies genannt und so das Bild
eines Gartens aufgerufen, der alles, was die Erde
jetzt von anmutigen Gefilden zeigt, unvergleichlich
übertrifft.

Ja, nicht bloß sinnliche Bilder werden gebraucht,
um die Freuden des Himmels lockender zu machen,
sondern es wird geradezu verheißen, daß der Leib
wieder auferstehen und an den Wonnen des Himmels
teilnehmen werde. Gewiß fiel dieser Gedanke nicht
wenig ins Gewicht, ja, der Wert, den man auf eine
Fülle des Genusses auch im irdischen Sinne legte,
hat es in der frühesten Zeit des Christentums zu
der Meinung kommen lassen, daß Christus vor der
Einführung seiner Getreuen in den Himmel tausend
Jahre lang als irdischer König beglückend über sie
herrschen werde. Sogar der Süßigkeit des Rache-
gedankens sehen wir trotz aller Mahnung zur Ver-
söhnlichkeit Rechnung getragen, wovon die dem
Apostel Johannes zugeschriebene Apokalypse, die
in der Schilderung der Schrecknisse eines über die
Feinde Christi hereinbrechenden Strafgerichts wieder
und wieder sich selbst überbietet, das lebendigste
Zeugnis gibt. Und nicht wenig mußte es dazu beitragen, diese und die vorerwähnten Verheißungen ein-
drucksvoll zu machen, daß ihre Erfüllung schon für
die allernächste Zeit in Aussicht gestellt war. In dem
Evangelium sagt Jesus: „In einer kleinen Weile werdet

ihr mich wiedersehen“, und auch die Offenbarung Johannes läßt ihn sagen: „Ich komme bald“.

Gelten die hier namhaft gemachten Momente allgemein, so hat ein anderes noch eine besondere Bedeutung für gewisse Klassen, denen im Unterschied von andern ein bitteres Los zugefallen ist. Nach dem Evangelium sieht sich der Arme dem Reichen, der Sklave dem Herrn, der Leidende dem die Fülle irdischer Freuden Genießenden nicht bloß gleichgestellt, sondern seine Lage erscheint in wesentlicher Beziehung als die vorzüglichere, und dieser Gedanke kann für ihn nicht anders als tröstlich und erhebend sein. „Selig die Armen“, heißt es in der Bergpredigt, „selig die Trauernden“, „selig die hungern und dürsten nach der Gerechtigkeit“. Jesus sagt darum mit gutem Grunde, daß durch ihn insbesondere den Armen die frohe Botschaft verkündet werde, und wiederum „Kommet alle zu mir, die ihr mühselig und beladen seid, und ich will euch erquicken“. Und dem entspricht es, wenn es, wie Paulus hervorhebt, zunächst vorzüglich die niedere Klasse war, bei der das Christentum Eingang fand. Keine Reichen, keine Vornehmen, keine durch Geist und Wissen Glänzenden fanden sich darunter. „Das, was da nicht ist, hat Gott erwählt, um das, was ist, zu beschämen“. Im einzelnen mochte der Beitritt eines solchen unansehnlichen Menschen als ein geringer Zuwachs erscheinen, allein dieser Mangel wurde durch die unvergleichliche Überlegenheit des Umfangs dieser Klasse mehr als ersetzt. Und so hat auch Goethe sich veranlaßt gesehen in einer eben nicht ansprechenden Weise das zuletzt erwähnte Moment hervorzuheben, wenn er sagt, es sei einer gekommen, welcher denen, die eine halbe Lunge hatten, eine ganze und denen, die verkrüppelt waren, gerade Glieder, und denen, die mittellos waren, reiche Habe versprochen habe, und da seien alle Lungensüchtigen und Hinkenden und alles Bettelvolk hinter ihm dreingelaufen.

So ist es denn gewiß nicht richtig, daß die Aufnahme, welche die christliche Religion rasch in so weiten Kreisen gefunden, im Hinblick auf die natürlichen Neigungen des Menschen ganz unbegreiflich sei.

Von einem Lehrpunkt freilich wird man kaum sagen können, daß er mit dem, wonach das menschliche Herz naturgemäß verlangt, sich im Einklang zeige. Ich meine die Lehre von einer ewigen Höllenstrafe, welcher die allermeisten verfallen sollen; allein gerade von ihm darf man sagen, daß er in seiner Weise nicht wenig beigetragen, dem Glauben Eingang zu verschaffen. Wurde doch jeder Ungläubige mit diesen entsetzlichen Strafen bedroht, und sobald sich einer darum nicht mehr ganz sicher fühlte, daß die Predigt der neuen Lehre nicht doch vielleicht die Wahrheit sei, mußte sich ihm der Gedanke aufdrängen, es sei ein allzu großes Wagnis, sich der drohenden Gefahr auszusetzen. Pascal selbst zeigt sichtlich genug, daß eine solche Erwägung auch bei ihm von nicht geringem Einfluß gewesen ist. Um so weniger also hätte es ihm rätselhaft erscheinen dürfen, daß der Mensch mit seinen natürlichen Neigungen der Einführung des Christentums sich nicht mehr, als es die Geschichte zeigt, widersetzt hat.

IV. Daß die heidnischen Lehren mit ihrer phantastischen Mythologie, mit der christlichen konkurrierend, sich im Kampfe ums Dasein auf die Dauer nicht halten konnten, ist nicht zu verwundern, und auch dadurch erschien der Übergang leicht gemacht, daß bei den Gebildeten schon lange nicht mehr an einen eigentlichen Polytheismus geglaubt wurde. Der Neuplatonismus hatte zu einer Umdeutung geführt, welche dem christlichen Theismus näher stand als einem an dem Buchstaben des Mythus festhaltenden heidnischen Glauben. Dazu kam eine gewisse kirchliche Organisation, für welche die mosaische in wesentlichen Stücken das Vorbild hatte abgeben können. Von Jesus selbst berichtet man, daß er Apostel gewählt, welche eine hierarchische Stellung einzunehmen berufen waren.

V. Nach dem Gesagten wird man sich über die Ausbreitung, welche das Christentum gefunden hat, nicht mehr allzu sehr wundern, falls man ihm einen bloßen Menschen zum Stifter gibt. Wenn man aber annimmt, daß Gott selbst Mensch geworden sei, um die Kirche zu stiften, so dürfte man sich im Gegenteil kaum des Staunens darüber erwehren, daß seine Ausbreitung und insbesondere die der katholischen, nach Pascal allein wahren Kirche eine so geringe sei, so zwar, daß sie nach 1900 Jahren nur etwa ein Zehntel der Menschheit umfaßt, abgesehen davon, daß gerade unter den Gebildeten ein ernstlicher Glaube selten mehr zu finden ist.

So scheint denn wirklich das erste Argument Pascals sich geradezu in sein Gegenteil zu verkehren.

8. Das zweite Argument Pascals besteht in dem Hinweis auf die Heiligkeit einer wahrhaft christlichen Seele.

Hier handelt es sich sozusagen um die Einführung der erhabenen Lehre Jesu in das Herz des einzelnen, wie zuvor in die weite Welt, nicht um die Erhabenheit derselben als solcher; wie ja auch beim ersten Argument diese noch nicht als Beweisgrund geltend gemacht wurde, da Pascal sich die Berücksichtigung dieses Moments für einen spätern Ort vorbehält.

Inwiefern aber soll diese Einführung einen Beweis für die christliche Religion abgeben? Sollen wir ohne weiteres zugestehen, daß eine Lehre, wenn sie edelschön sei, der verderbten menschlichen Natur und ihren Leidenschaften so sehr widerstrebe, daß nur ein Wunder sie zur Aufnahme und Befolgung der Lehre bewegen könne?

I. Dazu wird man sich denn doch nicht ohne weiteres verstehen. Auch ohne allen Zusammenhang mit dem Christentum wurden edle sittliche Gedanken ausgesprochen, und die, welche sie geltend machten, haben sowohl selbst sie ins Leben übersetzt, als auch andere bewogen, sie bei ihrem Handeln zur Richtschnur zu nehmen. So ein S o k r a t e s in seiner Armut wie ein A r i s t o t e l e s in seinem Reichtum, ein E p i k t e t in seinem Sklavenkleid und ein M a r c A u r e l auf seinem Throne. Und, um auch ein Weib zu nennen, so bietet sich uns als ein hervorragendes Beispiel von Tugend die dem Neuplatonismus huldigende H y-

patia, die von christlichen Fanatikern grausam
ermordet, aber selbst von Bischöfen hoch verehrt
worden ist, so zwar, daß sie ihren Vorträgen lausch-
ten und sich für allezeit ihr zum Dank verpflichtet
bekannten.

II. Es wird also nötig sein, das Argument anders zu
wenden, um es kräftig erscheinen zu lassen. Und
man könnte in dieser Beziehung entweder einen Grad-
unterschied auch noch zwischen den eben erwähnten
Fällen von Tugend und denen im Leben christlicher
Heiliger annehmen, der diese ganz unvergleichlich
überlegen zeige und dahin dränge, sie auf eine übernatürliche Begnadigung zurückzuführen, oder man
könnte auf die weitaus größere Häufigkeit einer solchen seelischen Verklärung bei Christen sich berufen,
oder aber versuchen, den Nachweis zu erbringen,
daß die Tugenden der Christen ihnen nicht durch
die gewöhnlichen Mittel der Erziehung zur Vollkommenheit, sondern durch viel wunderbarere, übernatürliche gegeben würden.

Doch auch von diesen Wendungen scheint keine
ausreichend, dem Christentum seinen übernatürlichen
Charakter zu sichern. Was die erste betrifft, so
haben wir zu ihrer Kritik nicht nötig, auf das, was uns
Großes von edel gesinnten Nichtchristen und christlichen Heiligen erzählt wird, vergleichend einzugehen.
Es genügt, darauf hinzuweisen, daß die angesehensten Lehrer der Kirche erklären, ohne eine ausdrückliche göttliche Offenbarung könne niemand wissen,
ob er im Stande der Gnade sei. Hierin liegt ja deutlich ausgesprochen, daß keine sittliche Handlung,
die in unsere Erfahrung fällt, so glänzend sie auch
erscheinen möge, eine solche sei, die sich als eine
aus übernatürlicher Kraft hervorgegangene bekunde.
Auch das zweite, die relative Häufigkeit, bietet
nicht den gewünschten Anhalt. Die Pythagoreer,
zu welchen nicht bloß Männer, sondern auch Frauen
gehörten, waren eine zahlreiche Gesellschaft, welche
mit edlem Eifer auf die sittliche Reform des Volkes
hinarbeitete, und unter den Brahmanen herrschte
sehr allgemein jene edle Gesinnung, die sich in vielen

ihrer heiligen Schriften offenbart. Und wenn man uns
von A r i s t i d e s erzählt, er habe über einen von
T h e m i s t o k l e s gemachten Vorschl g das Ur e l a ıs
gesprochen, daß derselbe höchst nützlich sei, aber
die Gerechtigkeit verletze, worauf das Volk der
Athener denselben ohne weiteres einstimmig abge-
lehnt habe, so ist dies ein Fall von sittlicher Größe
eines ganzen Volkes, dem sich nicht leicht einer aus
der modernen christlichen Zeit an die Seite stellen
läßt. Auch gilt der Satz, daß es der in der Tugend
Vollkommenen nur wenige gibt, für die Christgläubigen noch ebenso wie für die, welche nichts vom
Christentum gewußt haben. Und Jesus selbst gibt
dem zum Voraus Zeugnis in der P a r a b e l, wo er das
H i m m e l r e i c h mit einem Sämann vergleicht, von
dessen Samen ein Teil auf den Weg fällt und von
den Vögeln aufgezehrt wird; ein anderer auf felsigen
Grund, worauf die aufkeimende Saat nicht tiefer
Wurzel fassen kann, sondern verdorrt; ein anderer
unter die Dornen, von denen er überwuchert und er-
stickt wird, während nur ein kleiner Teil auf gutes
Ackerland fällt, um hundertfältige Früchte zu tragen.
So bliebe denn nur die von uns an d r i t t e r Stelle
namhaft gemachte Überlegung übrig, der Nachweis,
daß die Tugend, wie wir sie bei Christen finden, aus
eigentümlichen, ganz übernatürlichen Ursachen ent-
springe. Hier nun ist vor allem sicher, daß auch
bei den Christen die natürlichen Mittel zur Ausbildung der Tugend nicht ausgeschlossen werden.
Die Belehrung durch die Erzieher, die Übung, zu welcher die Widerwilligen auch durch Androhung von
Strafen und Verheißung von Belohnung geführt werden, das gute Beispiel und die Meidung schlechter
Gesellschaft. Die Vereinigung zu christlichen Ge-
meinden führt auch die Erwachsenen zum Umgang
mit Gleichgesinnten und zu Freundschaften, die in
der Gemeinschaft edler Überzeugung wurzeln, ein
Umstand, der auch von F e c h n e r als höchst förder-
lich betont worden ist. So läßt sich auch noch anderes
namhaft machen, wovon es sich zeigt, daß besondere
Umstände bei den Christen zu seiner sehr energischen

Anwendung führen. Aristoteles empfiehlt als Mittel, beim sittlichen Handeln von einem fehlerhaften Extrem zur richtigen Mitte zu gelangen, sich zunächst mehr dem andern fehlerhaften Extrem anzunähern. Es geschähe dann ähnliches wie bei einem verbogenen Stab, der, wenn man ihn zunächst nach der entgegengesetzten Seite biege, mehr und mehr zu einer ebenen Gestalt geführt werde. Die Anwendung dieses Mittels ergibt sich für den Christen ganz von selbst in reichstem Maße, da Jesus, wir werden darauf zurückkommen, wie er es ja überhaupt liebt, in rhetorischen Hyperbeln zu sprechen, dem Wortlaute nach in bezug auf sinnlichen Genuß, Reichtum, Ehre, Geltendmachung seiner Ansprüche, Vergeltung für erlittene Beleidigung und Mißhandlung nicht ein mittleres Verhalten, sondern ein Extrem empfiehlt, und zwar jenes, welches dem, wozu die Menschen am meisten geneigt sind, entgegengesetzt ist. So kommt dies auf sehr natürliche Weise der christlichen Erziehung zugute. Und ebenso ist es sehr begreiflich, daß eine sittliche Vorschrift, von welcher man glaubt, daß sie von einem Gottgesandten, ja, von dem ewigen Sohne Gottes selbst gegeben sei, als von so hoher Autorität unterstützt, einen besonders großen Eindruck machen muß. Es gilt hier Ähnliches wie von der Autorität des Pythagoras, wenn ein „$\alpha \dot{v} \tau \acute{o} \varsigma$ $\check{\epsilon} \varphi \alpha$" jeden Zweifel ausschloß. Und eben diese hohe Autorität, welche die Worte Jesu, mußte auch das von ihm gegebene edle Beispiel eindrucksvoller machen, so daß es noch mehr als andere zur Nachahmung fortriß [3]).

---

[3]) Bekannt ist der Bericht des Generals Bertrand über ein Gespräch, das er mit N a p o l e o n auf St. Helena geführt habe. In diesem soll der entthronte Kaiser die von ihm selbst auf die Gemüter geübte Macht mit der von Jesus geübten verglichen haben und zu dem Schlusse gelangt sein, daß die Superiorität, die man hier Jesus zuerkennen müsse, sich nur daraus, daß er kein bloßer Mensch, sondern ein Gott gewesen sei, begreifen lasse. Das Argument übersieht aber, daß auch darin schon ein Grund liegen kann, sich mit einer unvergleichlich größeren Begeisterung und rückhaltloseren Aufopferung jemandem zu weihen, daß man ihn, wie immer er ein bloßer Mensch sein möge, für ein übermenschliches, göttliches Wesen

Gewiß finden sich diese Momente im Zusammenhang mit christlichen Dogmen, allein aus dem Gesagten geht deutlich hervor, daß schon die einfachen
psychischen Gesetze ausreichen, sie gewichtig erscheinen zu lassen, so daß die Zuhilfenahme eines
übernatürlichen Erklärungsgrundes nicht mehr geboten ist.

Doch nach der Lehre der Kirche sollen zu ihnen noch
andere Mittel hinzukommen, die, wenn sie sich wirklich kräftig erwiesen, einen unzweifelhaft übernatürlichen Charakter tragen und darum auch die ganze
christliche Religion als etwas Übernatürliches dar-
tun würden. Sie spricht von einem Zustand der
Gnade, in welchen uns der Empfang der Taufe versetzt, und der durch den Empfang anderer Sakramente sowie auch durch Anwendung anderweitiger
wundersamer Mittel noch erhöht werde. Ohne jede
Mitwirkung von unserer Seite würden uns dann übernatürliche Tugenden eingegossen, welche uns allein
zu Handlungen befähigten, die eines himmlischen
Lohnes in der ewigen Anschauung Gottes würdig
sind. So wird denn alles darauf ankommen, darzutun,
daß die Erfahrung wirklich diese kirchliche Lehre bestätigt.

Daß man nun niemals einen Versuch gemacht hat,
dies mit wissenschaftlicher Exaktheit zu konstatieren,

---

hält. Pythagoras war gewiß ein bloßer Mensch, aber die Überzeugung, die bei den Pythagoreern bestand, daß er kein bloßer
Mensch, sondern, wenn nicht geradezu ein Gott, doch ein Mittelding
zwischen Gott und Mensch gewesen sei, hat nichtsdestoweniger
bis in die fernste Ferne und weit über seinen Tod hinaus Tausende
zur unbedingtesten Hingebung an ihn und sein Wort zu bewegen
vermocht. Wenn wir erwägen, wie segensreich der Einfluß der
pythagoreischen Sittenlehre sich für einzelne nicht bloß, sondern für
ganze Staaten erwiesen hat, so kann man die göttliche Vorsehung
hinsichtlich der Zulassung jener hohen Meinung, wie immer sie ein
Aberglaube war, gar wohl gerechtfertigt nennen. Und ähnliches
wird dann auch in bezug auf jene Auffassung gesagt werden können,
welche die vorgeschrittensten Völker Jahrhunderte hindurch der
Person Jesu eine göttliche Natur zuschreiben ließ. Ja, wir dürfen
uns daraufhin nicht eben wundern, wenn die Ausbreitung derselben durch ein Zusammenwirken vieler Umstände, das ebensowenig
wie sonst etwas in der Welt als etwas Zufälliges zu betrachten ist,
begünstigt worden ist.

ist gewiß. Es ist z. B. noch niemand so weit gegangen, bei einem Heidenvolk von den neugeborenen Kindern jedes zweite heimlich zu taufen[4]) und dann statistisch zu untersuchen, ob die getauften Kinder, wie es, falls sie wirklich mit der Taufe die heiligmachende Gnade empfangen hätten, der Fall sein müßte, sich durchschnittlich hinsichtlich der Tugend vor den anderen auszeichneten. Unter solchen Umständen fehlt gewiß Wesentliches daran, daß dem zweiten Argument Pascals wahre Beweiskraft zukäme.

Man könnte aber auch hier noch solches beifügen, was Pascals Argument geradezu in sein Gegenteil verkehrt. Wie immer nämlich statistische Aufnahmen wie die, von welchen ich sprach, niemals gemacht worden sind, so liegen doch zur Genüge Erfahrungen vor, um das Maß guter sittlicher Dispositionen, welche durch das bloße natürliche Mittel der Übung und Gewohnheit entstehen, mit den vermeintlich wundersam eingegossenen Tugenden zu vergleichen. Man sollte meinen, diese müßten, wenn wirklich gegeben, die ungleich mächtigeren sein, aber ein bloß durch die Taufgnade gestärktes Kind widersteht der Versuchung zur Naschhaftigkeit sicher viel weniger als ein ungetauftes, dem man das Naschen abgewöhnt hat usw.

9. Als drittes Argument dient Pascal der Hinweis auf das Wunderbare der heiligen Schriften.

Ich bin weit entfernt zu verkennen, daß in diesen Büchern vieles enthalten ist, was unsere Bewunderung verdient. Allein, daß sie so, wie man es bei Annahme ihres besonderen göttlichen Charakters erwarten müßte, bewundernswert seien, läßt sich wahrlich nicht behaupten, vielmehr erscheint selbst unter sittlichem Gesichtspunkt, namentlich in den Büchern des Alten Testaments, vieles höchst anstößig. Man denke z. B. an den Betrug, den Jakob, der „von vornherein Gottgeliebte", an seinem Vater Isaak und an seinem Bruder Esau begeht, und an den Mangel jedes Gerechtigkeits-

---

[4]) Da ein Ungläubiger gültig taufen kann, könnte auch ein solcher das Experiment machen.

sinns, mit welchem J a k o b das durch Betrug Erlangte wie ein rechtsgiltiges Eigentum und den erstohlenen Segen als einen wahrhaft empfangenen betrachtet. Man denke ebenso an den Wucher, den der als heiligmäßig gefeierte ägyptische J o s e f übt; man denke an die Veruntreuungen an geliehenem Gut, welche M o s e s die Israeliten beim Auszug aus Ägypten begehen läßt. Man denke an die Grausamkeiten, die er später von dem Volke verlangt, indem er jede Schonung feindlichen Lebens mit dem Tode bestraft; man denke an das abergläubische Schlachtopfer der T o c h t e r J e p h t a s; man denke an das Preislied D e b o r a h s, welches eine verräterische Schandtat feiert; man denke an die Ermordung der Enkel S a u l s durch D a v i d unter scheinheiligem Vorwand und an die Weise, wie sie von Gott wohlgefällig aufgenommen werden soll, usw. Daß das Mosaische Ehegesetz der natürlichen Gerechtigkeit nicht entsprochen habe, erklärt Jesus selbst unzweideutig, und doch hatte es Moses als Stellvertreter Gottes sanktioniert, und lange vor ihm sehen wir A b r a h a m mit angeblicher Gutheißung Gottes durch die Verstoßung Hagars gerade jene Tat üben, die Jesus als ungerecht verabscheut.

Daß die ganze Opferlehre des Alten Testaments, wie sie dem Volk gegenüber ausgesprochen und von ihm aufgenommen wurde, eine Fülle von abgeschmacktem Aberglauben enthielt, kam den erleuchteteren Männern Israels schon vor Jesus zum Bewußtsein. Zwischen ihrer Auffassung der israelitischen Lehre und der buchstäblichen des Volkes fand sich ein ähnlicher Gegensatz, wie zwischen der Deutung der heidnischen Mythologie durch die N e u p l a t o n i k e r und andere aufgeklärtere heidnische Denker vor ihnen und dem mythologischen Volksglauben. Daß aber auch nicht in jeder anderen Beziehung das Alte Testament wunderbar genannt werden kann, vermag jeder leicht zu erkennen, der auf die ipsissimistische Tendenz achtet, die schon in dem Namen des auserwählten Volkes zutage tritt und welche, weit entfernt der Aufnahme der wahrhaft humanen Lehre Jesu vorzuarbeiten, ihr die größten Hindernisse in den Weg legte. Und liegen nicht die I r r t ü m e r des Schöpfungsberichts, der Aufzählung der Generationen,

welche eine Dauer des Menschengeschlechts involvieren
würden, die nachweisbar um ein Vielfaches hinter der
wirklichen Dauer zurücksteht, und die Lächerlichkeiten
der Arche Noahs und des babylonischen Turms und
das Märchenhafte der Wunderberichte (z. B. beim Auszug der Israeliten aus Ägypten und da, wo Josua der
Sonne Halt gebietet und die Posaunen die Mauern von
Jericho einstürzen machen) für jeden, der nicht ganz
verblendet ist, unverkennbar zutage?

Was aber das Neue Testament anlangt, so will ich
nicht leugnen, daß es auch mir als ein unvergleichliches
Werk erscheint. Wenn man die Evangelien für ein
Buch hält, das nur vom Volk erdichtete Legenden er-
zähle, so muß man doch bekennen, daß sich das Volk
in seinen Dichtungen nie, weder vorher noch nachher, zu
ähnlicher Höhe erhoben habe, und daß sie darum sicher
nur unter dem Eindruck einer ganz überragenden Persönlichkeit, wie Jesus sie in Leben und Tod in Wahrheit gewesen sein muß, entstanden sein können. Immerhin lassen sich selbst in sittlicher Beziehung einige
wohlbegründete Ausstellungen machen. Wenn die Tugend in der Mitte liegt zwischen zwei fehlerhaften Extremen, von denen nur das eine mehr als das andere
verwerflich und gefährlich erscheint, so scheint Jesus
in seiner Predigt in den nicht seltenen Fehler derjenigen
zu fallen, welche statt der Mitte das dem schlimmeren
Extrem entgegengesetzte Extrem als den Gipfel der
Tugend empfehlen. So kommt es zu der Auszeichnung
des jungfräulichen Lebens vor dem eines keuschen Ehe-
standes, zur Auszeichnung der Armut vor dem Leben,
das mit dem entsprechendsten Maß von Eigentum ausgestattet ist, ja zur Bevorzugung eines Sklaventums
durch das Gelübde des Gehorsams vor dem Leben
eines Freien, der sich zur rechten Zeit dem Willen
eines anderen zu fügen und zur rechten Zeit auf dem
eigenen zu bestehen weiß. Auch finden sich Äußerungen
wie die: wer dich auf die rechte Wange schlägt, dem
reiche auch die linke hin, wer dir den Rock nimmt,
dem gib auch noch den Mantel, wer dich zwingt, ihn eine
Meile Weges zu begleiten, dem stelle dich für noch eine
zweite Meile zur Verfügung usw., die so offenbar un-

angebracht sind, daß man sich herausgenommen hat, sie dem sensus obvius entgegen auszulegen, wie man dies mit noch weniger Schein auch dem so energisch ausgesprochenen Verbot des Schwörens gegenüber getan hat. In ähnlich starke Übertreibung verfällt die Bergpredigt, wenn sie erklärt, wer seinen Mitmenschen einen Narren nenne, sei ein Verbrecher, der die Höllenstrafe verdiene. Hätte man daraufhin nicht wenigstens das Recht, einen, der eine solche Beschimpfung sich erlaubt, als einen der Verdammung Würdigen zu benennen, und würde dann diese Bezeichnung minder entehrend sein? Aber es wird ja anderwärts überhaupt gelehrt, daß man nicht richten solle, was, in solcher Allgemeinheit ausgesprochen, gewiß wiederum eine starke, höchst unzweckmäßige Übertreibung ist. So sind auch die Worte: „Bittet, und ihr werdet erhalten", und „was immer ihr den Vater in meinem Namen bitten werdet, das wird er euch geben", in solcher Allgemeinheit, die jede Restriktion vermissen läßt, gesprochen, eine Übertreibung, die manchen irre geführt hat.

Daß an den Besitz von großen Reichtümern besondere sittliche Gefahren sich knüpfen, hat die Erfahrung an vielen Beispielen gezeigt, und die Philosophen haben es mehrfach hervorgehoben, aber sie haben zugleich auch die Zunahme der Versuchungen im Falle extremer Armut nicht verkannt. Von diesen spricht die Schrift gar nicht (und doch wäre es das Mittel gewesen, die den Armen gegenüber zu übende Barmherzigkeit in noch helleres Licht zu setzen, da es zeigt, daß man mit dem leiblichen Almosen auch eine geistliche Wohltat spende), von jenen aber mit so starken Ausdrücken, daß sie sagt, leichter gehe ein Kamel durch ein Nadelöhr, als ein Reicher in das Himmelreich. Eine Predigt, welche diesen Schrifttext zum Thema nähme, würde die Hörer der minder bemittelten Klasse schwerlich dazu führen, von den Bemittelteren gut zu denken, auch könnte es daraufhin geradezu der Nächstenliebe entsprechend erscheinen, auf den Ruin ihres Vermögens auszugehen. Wer ethisch unterweist, sollte sich rhetorischer Hyperbeln nicht bedienen.

Auch die Gesetze hinsichtlich der Auflösbarkeit der
Ehe sind mißverständlich, und wenn man sie so wie
die katholische Kirche faßt, werden sie in der modernen
Zeit als etwas betrachtet, was mehr Unsegen als Segen
bringt. Die Rechtfertigung schlechthiniger Unauflöslich-
keit in Rücksicht auf einen symbolischen Charakter für
eine Art bräutlicher Vereinigung Christi mit der Kirche
erscheint als ein Seitenstück zu der Rechtfertigung
unbedingter Sabbatruhe durch eine symbolische Beziehung zu dem mythischen Ruhetag, der den sechs
Schöpfungstagen gefolgt sein soll. Man müßte fragen,
ob denn der Mensch für die Ehe da sei oder nicht
vielmehr die Ehe für den Menschen?

Daß die Argumentationen von Jesus manchmal sophistisch scheinen, will ich nur flüchtig erwähnen, so die
Äquivokation in dem Schlußsatz „gebt dem Kaiser, was
des Kaisers ist" (Mark. 12, 17) und wieder die in dem
Schlusse aus dem Satz „ich bin der Gott Abrahams
usw.", zugunsten der Unsterblichkeit (Matth. 22, 32,
Mark. 12, 26), (da doch wohl Gott als der anzusehen
wäre, welcher von Abraham angebetet wurde und ihn
in seinen Schutz nahm, auch wenn Abraham nicht
mehr leben sollte) und wieder die, welcher er wenigstens vom Standpunkt der kirchlichen Auffassung im
Johannesevangelium sich schuldig machen würde, wenn
er seinen Anspruch, für Gott gehalten und als solcher
angebetet zu werden, damit rechtfertigen will, daß die
Schrift in einem ganz anderen Sinn gewisse Menschen
als Götter bezeichnet (Joh. 10, 34). Dagegen kann ich
nicht wohl verschweigen, daß die Behauptung des Paulus, wer nicht an die Unsterblichkeit glaube, handle
ganz vernünftig, wenn er sich unbeschränkt den sinnlichen Genüssen hingebe, sittlich nicht gebilligt werden
kann (I. Kor. 32). Da muß denn wieder eine Verleugnung
des sensus obvius aus der Verlegenheit helfen. Der Satz
Jesu, daß das Gesetz der Nächstenliebe alle anderen Gebote enthalte (Math. 22, 40), wird sehr allgemein gepriesen. Immerhin läßt auch er eine Kritik zu; denn
für sich allein sagt er nichts, sondern verlangt, damit
er andere Gesetze aus sich ableiten lasse, eine Kenntnis der für jeden einzelnen Menschen anzustrebenden

Güter. Und auch darum läßt er uns im Dunkel, ja kann zu den größten praktischen Verirrungen führen, weil die Frage, ob einer seinen Nächsten ebenso wie sich zu lieben habe, mit der, ob er ebenso für ihn wie für sich zu s o r g e n habe, keineswegs zusammenfällt.

Läßt man den sittlichen Gesichtspunkt beiseite und fragt, ob das Neue Testament nicht ähnlich wie das Alte mit offenbaren geschichtlichen und naturwissenschaftlichen I r r t ü m e r n behaftet sei, so braucht man nur auf das, was Jesus über den Untergang der Welt und die Vorgänge bei der Zerstörung von Jerusalem sagt (Mark. 13, Matth. 17) und die Apokalypse zu vergleichen, um solche Mängel zu erkennen.

Was endlich die s c h r i f t s t e l l e r i s c h e S e i t e der Bücher anlangt, so will ich, von anderen Unvollkommenheiten nicht zu reden, nur auf die vielfach g e r i n g e D e u t l i c h k e i t aufmerksam machen, ein Mangel, der so weit geht, daß die Kirche sich genötigt glaubte, den Laien die Lesung der Heiligen Schrift zu verbieten, damit sie nicht, statt dadurch gefördert, infolge naheliegender Mißverständnisse geschädigt würden. Sie will, daß man sich an die Interpretation halte, welche sie den Worten gibt, und wir wiesen schon darauf hin, daß sie dadurch manches praktisch Bedenkliche verschwinden läßt. Und so mag sie auch scheinbar W i d e r s p r e c h e n d e s in Einklang bringen, aber weder das eine, noch andere scheint auch bei künstlichster Interpretation ausnahmslos möglich, wie z. B. schon die beiden Geschlechtsregister und die Berichte über die Auferstehung Christi, auf welche doch so viel Gewicht gelegt wird, sich nicht in Einklang bringen lassen.

Das alles und noch anderes mehr vermindert den Charakter der Glaubwürdigkeit, und vergeblich sucht man dies damit auszugleichen, daß man es als ein Zeichen ansieht, wie man nicht darauf ausgegangen sei, nachträglich fälschend die Widersprüche zu beseitigen.

Wieviel anderes könnte nicht hier noch beigefügt werden: wie ein Hinweis auf die Fluchpsalmen, die so wenig mit dem „Vater verzeih ihnen", dafür aber um so mehr mit dem Rachedurst der Apokalypse im Ein-

klang sind, oder auf die Üppigkeit in den Bildern des
Hohen Liedes, welche schon im Altertum seine Lesung
vor Vollendung des dreißigsten Lebensjahres verbieten
ließ, oder auf die in ihrer Härte empörende Paulinische
Prädestinationslehre, von der freilich bei Jesus selbst
sich nichts findet, obwohl auch von ihm die Lehre
von einer ewigen Verdammung unbeanstandet übernommen scheint, welche in notwendiger Konsequenz zur
Paulinischen Lehre führt.

Die Kirche selbst wenigstens wagt es nicht, die Drohungen mit einem ewigen höllischen Feuer, das dem
Teufel bereitet ist und seinen Engeln, unter die rhetorischen Hyperbeln zu rechnen. Aber gewiß ist es auffallend, daß Jesus, welcher darin ein Zeichen der Vollkommenheit Gottes sieht, daß er seine Sonne aufgehen
läßt über Gerechte und Ungerechte, und uns mahnt, ihm
hierin ähnlich zu werden und nicht bloß das eine oder
andere Mal, sondern unzähligemal zu verzeihen, die
mit der Güte Gottes in so schreiendem Gegensatz ste-
hende Höllenlehre beizubehalten, für möglich finden soll, da ja doch das göttliche Vorbild dadurch alles
in allem ganz verändert wird. Wenn Gott eine Straf-
ordnung schuf, um durch die Furcht vom Bösen ab-
zuschrecken, so durfte er dabei doch nicht so weit
gehen, als Strafe ein Übel zu verhängen, das größer
wäre als alles von dem Sünder zu stiftende Unheil.

Auch das an anderer Stelle in der Absicht, den
menschlichen Rachegelüsten zu wehren, gesprochene
Wort „mein ist die Rache" scheint mit jener Mahnung,
in bezug auf die Rache so zu handeln wie Gott, der
auch den Sündern noch Gutes tut, in einer Art Widerspruch: wird doch hier zur Enthaltung von der Rache
nicht darum gemahnt, weil auch Gott sich ihrer enthalte, sondern umgekehrt, weil Gott sie übe. Es ist
das einer jener wenigstens scheinbaren Widersprüche,
welche auch sonst in den Lehren Jesu sich finden, wie
z. B. wenn er an einer Stelle mahnt, die Tugendakte
zu verbergen, und an einer anderen, Sorge zu tragen,
daß sie von den Menschen gesehen werden. Zum min-
destens muß man hier jene von uns schon wiederholt

betonte Undeutlichkeit anerkennen, welche den einfachen Hörer ratlos machen mußte. Der würde den Feinsinn Pascals vollständig verkennen, welcher unter solchen Umständen bezweifelte, daß er bei veränderter Parteistellung sein drittes Argument in sein Gegenteil zu verwandeln gewußt hätte.

10. Sein v i e r t e s Argument ist J e s u s im b e s o n d e r e n, und er denkt dabei sichtlich an die Schilderung, die uns in den Evangelien von ihm gegeben wird. Dabei beachtet er wohl, daß viele Anstand nehmen, dieselbe in jeder Beziehung als historisch treu gelten zu lassen. Ist es doch so weit gekommen, daß manche in Zweifel ziehen, nicht allein ob die ihm zugeschriebenen Wundertaten nicht bloße legendenartige Erfindungen seien, sondern auch ob er selbst nicht ganz dem Bereich der Erfindung angehöre. Dies könnte sich gar wohl damit vertragen, daß sein Name vor allen anderen zu Berühmtheit gelangt ist und die Zeit seiner vermeinten Geburt jetzt zum Einteilungsgrund für die Gesamtheit der geschichtlichen Daten gemacht wird. Wird doch auch in der Geschichte der Schweiz kein anderer Namen so sehr wie der des Wilhelm Tell gefeiert, von dem es nunmehr als ausgemacht gilt, daß keine geschichtliche Persönlichkeit ihm entspricht. Pascal kennt einen so weitgehenden Zweifel nicht und befindet sich hierbei gewiß in vollem Rechte. Die Charakteristik, welche die Evangelien von Jesus geben, ist eine, die von keiner der dramatischen Gestalten S h a k e s p e a r e s übertroffen wird. Und auch, wer die Erzählungen der Evangelien für bloße Volksdichtungen nehmen wollte, würde darum doch nicht umhin können, anzuerkennen, daß es zu ihnen nie gekommen wäre, ohne das Auftreten einer wirklichen Persönlichkeit, welche auf einen weiten Kreis den mächtigsten Eindruck gemacht hätte. Und auch an dem Adel und der Erhabenheit dieser Persönlichkeit kann man nicht zweifeln, wenn man erwägt, daß weder früher noch später jemals das Volk in seinen Dichtungen zu einer ähnlich hohen Auffassung gelangt ist. Das bleibt also unzweifelhaft bestehen, wie vieles man auch im einzelnen als legendenhafte Ausbildung unglaubwürdig finden mag.

Es fragt sich nun aber, ob die Erzählung der Evangelien, wenn sie uns dazu führt, an Jesus als eine Persönlichkeit, welche vor anderen unsere hohe Bewunderung verdient, zu glauben, uns geradezu jenes volle Ideal in ihm anzuerkennen drängt, als welches wir ihn betrachten müßten, wenn uns die christliche Religion als die wahre gelten würde, und wir brauchen nur auf manches von dem früher Erörterten zurückzublicken, um uns zu überzeugen, daß diese Frage verneint werden muß. Haben wir doch, da wir prüften, ob die heiligen Schriften einen wahrhaft göttlichen Charakter hätten, nicht bloß im Alten Testament, sondern auch im Neuen vieles beanstanden müssen und, indem wir dies taten, auch bei solchem verweilt, was bei Jesus nicht gebilligt werden kann.

11. Wir faßten damals besonders die Schilderung ins Auge, die von ihm a l s L e h r e r gegeben wird, während wir die Frage, ob er nach der Schilderung des Evangeliums seinem s i t t l i c h e n C h a r a k t e r nach ganz untadelhaft erscheint, nicht berührten. Indem wir jetzt auf das eine wie andere eingehen, können wir in der ersten Beziehung an manches früher Gesagte erinnern.

Jesus erscheint in den Evangelien als ein Lehrer von außerordentlicher Kraft. Die Überlegenheit seiner hohen Persönlichkeit machte sich allen fühlbar. „Er sprach,“ heißt es, „wie einer, der da Macht hat, nicht wie einer der Schriftgelehrten und Pharisäer“ und wiederum „Wann hat je ein Mensch gesprochen wie dieser Mensch?“ Seine Rede war nicht trocken didaktisch, vielmehr verlieh er ihr durch die Anwendung von Bildern und Parabeln eine dichterische und durch den Gebrauch von Hyperbeln und ein hohes Pathos eine rhetorische Färbung, und auch dies trug gewiß zur Erhöhung des Eindrucks bei.

Doch so große Vorteile dies mit sich brachte, so waren damit auch Nachteile verknüpft, von welchen man sich fragen möchte, ob sie nicht sogar überwiegen. Zu ihnen gehört, wie schon erwähnt, der häufige M a n g e l a n s i c h e r e r V e r s t ä n d l i c h k e i t, die er freilich nach dem, was berichtet wird, in vielen Fällen gar nicht angestrebt haben würde. Sagt er doch ge-

legentlich geradezu, er wolle nicht dem Volk, sondern
nur seinen Jüngern sich verständlich machen. Die Absicht erscheint paradox, und es bietet sich dafür kaum
eine andere Erklärung, als daß er die Laien in Abhängig-
keit von dem Klerus bringen wollte. Aber auch die
Jünger klagen oft über die Unmöglichkeit, ihren Meister
zu verstehen, und sehr eigentümlich berührt es, wenn
man hört, wie sie noch nach dem Tode Jesu nicht
wußten, daß er seine Auferstehung vorhergesagt hatte.
Sie mußten wohl auch hier, wenn er dies getan, für
wahrscheinlich gehalten haben, daß er nur bildlich
spreche und etwas ganz anderes damit meine. Und
ähnlich befremdlich scheint es, wenn Jesus den Petrus
befragt, für wen das Volk und schließlich auch noch,
für wen er selbst ihn halte, und nachdem Petrus
geantwortet, ihn selig preist und sagt, daß ihn hier
eine himmlische Offenbarung belehrt habe. Scheint es
doch hiernach, als hätte sogar über diesen wichtigen
Punkt Jesus selbst sich weder dem Volk noch den Jüngern jemals verständlich ausgesprochen.

Kann man wohl einen solchen Mangel an Verständlichkeit bei einem Lehrer lobenswert finden? — Ja,
hat nicht dieser Mangel Jahrhunderte hindurch zu den
gehässigsten und verderblichsten Spaltungen den Anlaß gegeben und zu förmlichen Religionskriegen geführt? Solch unheilvolle Folgen dürften denn doch be-
weisen, daß die von uns gerügte Undeutlichkeit ein
wahrer Fehler war, dessen Vermeidung man durch die
Liebe Jesu zu den Seinigen geboten erachten möchte.

Wir sagten, daß einer der Gründe solcher Mißverständlichkeit Jesu Neigung zu b i l d l i c h e r R e d e -
w e i s e gewesen sei. Sein Wort, es gebe Verschnittene,
die sich selbst entmannt um des Himmelreiches willen,
hat bekanntlich einen O r i g e n e s zur Selbstverstümmelung verleitet.

Bei seiner Auslegung mochten ihm andere Stellen, wie
„Wenn dein Auge dich ärgert, so reiß es aus und
wirf es von dir" und „Wenn deine rechte Hand dich
ärgert, so haue sie ab und wirf sie von dir", mit-
bestimmend sein, wo auch Selbstverstümmelung empfohlen wird. So bin ich' denn noch heutzutage auf Leute

gestoßen, welche selbst nicht zu den Gläubigen zählend, es sich nicht nehmen lassen wollten, daß die Interpretation des Origenes schlechterdings gefordert sei.

Als auf ein vor vielen typisches Beispiel für die Verlegenheiten, die sich oft daraus ergeben, möchten wir auf die Streitigkeiten verweisen, welche durch die Worte, deren sich Jesus bei der Einsetzung des Altarsakraments bedient haben soll, hervorgerufen worden sind. Nach der katholischen Kirche wären sie im allereigentlichsten Sinn zu nehmen, aber dieser Sinn ist so befremdlich und und eine bildliche Deutung in Rücksicht auf die allgemeine Neigung Jesu zu bildlichem Ausdruck so naheliegend, daß wohl kein Jünger sofort dazu gekommen wäre, sie anders als bildlich aufzufassen. Hat doch derselbe Jesus sich ein andermal einen Weinstock, dessen Reben die Jünger seien, und eine Türe genannt, durch die man zum Schafstall eingehe. Und wie sollte er hiernach nicht auch einmal es passend haben finden können, seinen Leib, den er für die Welt dargeben, sein Blut, das er für sie vergießen will, bildlich mit dem Brot und Wein, die er ihnen hinreicht, in eines zu fassen? Ja, schon früher hatte er einmal gesagt, er sei das Brot des Lebens mit Hinzufügung der Worte, wer zu ihm komme, den werde nicht hungern, und wer an ihn glaube, den werde nicht dürsten, welche zeigen, daß er damals wenigstens in einem Bilde sprach. Auch hatte er damals kein Brot in Händen, und der Gedanke an eine Transsubstanziationsformel erscheint darum auch aus diesem Grunde ausgeschlossen, und zu der bildlichen Deutung stimmt es, wenn er am Ende beifügte: „Meine Worte sind Geist und Leben". So wäre denn gerade in dem Fall, wo die Worte bei der Einsetzung nicht bildlich verstanden werden sollten, eine unzweideutige Erklärung dringlich gefordert gewesen. Weder ein B e r e n g a r v o n T o u r s hätte dann gegen die katholische Auslegung sich erhoben, noch hätten die Reformatoren in mannigfach verschiedener Weise gegen sie Einspruch getan.

Wie die Vorliebe Jesu für bildliche Einkleidung seiner Lehre, so hat, wie gesagt, auch sein häufiger Gebrauch von r h e t o r i s c h e n H y p e r b e l n der Verständlichkeit Abbruch getan. In gewissen Fällen sind zwar wohl nur

wenige geneigt gewesen, sie ad verbum zu nehmen, wie
wenn von dem Geohrfeigten gesagt wird, er solle
nicht bloß nicht Schlag mit Schlag vergelten, sondern dem, der ihn geschlagen, auch noch die andere
Wange hinreichen, und von dem, dem einer den Mantel
geraubt, er. solle diesem auch noch den Rock geben,
und von dem, den einer zwingt, ihn eine Meile zu
begleiten, er solle ihm noch eine weitere Meile das
Geleit geben. Dennoch zeigt selbst ein Paulus auf
solche Äußerungen hin in den Korintherbriefen gute Lust,
einem von seinem Mitchristen Geschädigten, der diesen
beim römischen Tribunal belangt hatte, nicht bloß die
Zufluchtsnahme zu einem Heiden, sondern schon dies
zum Vorwurf zu machen, daß er sich überhaupt bemühe,
zu seinem Eigentum zu gelangen, und sich nicht lieber
einfach bestehlen lasse, und so ist es denn auch in bezug auf andere Äußerungen, die vielleicht nur rednerische
Übertreibungen waren, geschehen, daß man sie wörtlich
nahm und sich daraufhin sehr schlecht beraten fand.
Das richtige Verfahren besteht in der Einhaltung einer gewissen Mitte mit Vermeidung zweier fehlerhafter Extreme, bei denen nur vor dem einen mehr als dem
andern zu warnen ist, sei es, weil es das schlimmere
ist, sei es, weil die Menschen sich gemeiniglich mehr
von ihm angelockt fühlen. Da begegnet es nun Jesus,
daß er das diesem entgegengesetzte Extrem geradezu als
Ideal empfiehlt und so, wenn man seine Lehre wörtlich
nimmt, zu verkehrtem Handeln führt, wenn man sie aber
als rhetorische Hyperbel faßt, uns im Unklaren läßt, wie
weit man denn eigentlich zu gehen habe.

Diese Unklarheiten und Mißverständlichkeiten erscheinen um so schädlicher, wenn man sich, wie wir es jetzt
tun wollen, zu der Frage wendet, wie Jesus die von ihm
gegebenen Lehren b e g r ü n d e t habe.

Wir hören da, daß er auf die von ihm gewirkten W u n -
d e r als auf etwas, was für ihn und seine Lehre zeuge,
hingewiesen: „Wenn sie die Wunder nicht gesehen
hätten, so hätten sie die Sünde nicht.“ Doch was diese
Weise der Begründung anlangt, so ist es keine, die wie
es etwa eine argumentative Erörterung tun mag, zur
Deutlichkeit der Lehre beiträgt, sondern sie verleiht

nur im allgemeinen Autorität. Und zudem stoßen wir hier, wie schon früher gesagt, auf das, was in den Evangelien ganz besonders als sagenhaft erscheint und wogegen schon das Schweigen in den Apostelbriefen spricht; müßten wir doch sonst auch die Erzählung von dem Teiche B e t h e s b a glauben, zu dem täglich ein Engel herabgestiegen sein soll, um durch Berührung des Wassers es heilkräftig zu machen, wovon die ganze Geschichte des Alten Testaments so wenig wie die profane Geschichte etwas weiß.

Dann aber hören wir ihn den Ausspruch tun, daß, wer seine Lehre befolge, erkennen werde, daß sie von Gott sei (Joh. 8, 31. 32). Wenn aber dies, so doch gewiß nur in dem Fall, wo man sie richtig gedeutet hat, nicht aber, wenn man sie, wie O r i g e n e s es getan, mißverstanden. Und auch, wer auf Grund der Empfehlung der extremen Armut und der Weisung, nicht für morgen zu sorgen, seine Habe zunichte werden ließe, würde wahrlich durch die Folgen nicht zu der Erkenntnis, daß die Lehre von Gott sei, gelangen. So wird denn durch die Mißverständlichkeit die Anwendung dieses Kriteriums wesentlich behindert.

Beruft sich hier Jesus auf unmittelbare Erfahrung, so sehen wir ihn anderwärts wohl auch eines S c h l u ß v e r - f a h r e n s sich bedienen, welches sehr einfach ist, wie wenn er a minori ad majus schließt, z. B. von der Fürsorge Gottes für die Sperlinge und die Blumen auf die Fürsorge, die er uns gegenüber trägt, und von der Treue mütterlicher Liebe auf die Beständigkeit der göttlichen Liebe, die über uns waltet. Sie sind treffend und wohl geeignet zu überzeugen. Doch auch die Begründung wird oft in p a r a b o l i s c h e r Form gegeben, und was wir von den Nachteilen bildlicher Ausdrucksweise gesagt, macht sich dann auch hier manchmal fühlbar. Jesus war im allgemeinen ein Meister im Gebrauch der Parabel, und bewundernswert ist es, wie er Dinge aus dem gemeinen Leben dabei zu benützen versteht. Allein einzelne Male scheinen sie denn doch weniger gelungen, wie wenn bei der Mahnung, im Gebete nicht abzulassen, auf die durch unablässige Bitten zu erwirkende Ermüdung eines Richters oder eines aus dem Schlafe

Aufgestörten, der nicht hören will, hingewiesen wird. Und auch die Parabel, in welcher Jesus das bescheidene Zurücktreten empfiehlt, mutet wenig an, indem sie darauf hinweist, daß, wer sich bei der Tafel an den vornehmsten Platz setze, Gefahr laufe, ihn dann zu seiner Beschämung einem andern räumen zu müssen. Das Edelschöne des demütigen Verzichts zugunsten anderer bleibt da ganz im Dunkel, so daß der Vergleich besser zur Illustration e'ner Molièreschen oder La Fontaineschen Klugheitsregel dienen könnte.

Der Vergleich mit den alten und neuen Schläuchen scheint mir auch eine wenig oder gar nicht in die Tiefe gehende Analogie darzubieten. Und dasselbe gilt, wenn Jesus von dem Weizenkorn sagt, daß es nur, wenn es sterbe, viele Frucht bringe. Ist doch der Prozeß, der sich in dem Weizenkorn vollzieht, vielmehr die Entfaltung der in ihm schlummernden vegetativen Kräfte, ähnlich der embryonalen Entwicklung eines Eies, nicht aber der Fäulnis eines solchen zu vergleichen, und das Versenken in die Erde nicht der Bestattung eines Leichnams analog, da vielmehr für den Samen die Erde, wie für uns die Luft, Bedingung der Lebensfunktion ist.

Bei der Parabel von den Taglöhnern im Weinberg, von denen jeder den gleichen Lohn empfängt, mag er nur eine Stunde gearbeitet oder den ganzen Tag über sich abgemüht haben, scheint die Absicht die zu sein, den Juden begreiflich zu machen, daß es keine Ungerechtigkeit sei, wenn die spät berufenen heidnischen Völker ganz so wie die früher berufenen Juden an der durch Jesus gebrachten Gnadenfülle teilnehmen sollten. Allein der Vergleich scheint nicht geeignet, diesen Ratschluß der Vorsehung für die Juden weniger befremdlich erscheinen zu lassen. Im Gegenteil! Vielleicht hat nie ein Weinbergbesitzer so gehandelt, und hätte er es getan, so würde man es gewiß weniger zu billigen finden, als wenn er, wo er sich nicht bloß gerecht, sondern auch gütig erweisen wollte, nicht einem Teil, sondern allen Arbeitern sich gütig erwiesen hätte, statt gerade die verdientesten von dieser Auszeichnung ganz auszuschließen. Da war der Fall der Zulassung der Heiden zu den vollen Segnungen des Evangeliums denn doch etwas ganz anderes. Die Juden zur Zeit Christi waren ja nicht dieselben, welche in der Vorzeit Gott gedient hatten, und so hatten sie selbst ja auch nicht Anstand genommen, solche, die nicht von Abraham stammten, als Proseliten aufzunehmen und mit zu Teilnehmern an den Hoffnungen auf alle seinen Nachkommen gemachten Verheißungen werden zu lassen. So scheint denn die Parabel in ihrer ganzen Anlage verfehlt.

Andere Parabeln, wie die von dem reichen Prasser und dem armen Lazarus, muß man schon darum beanstanden, weil die Erzählung alle entsprechende Charakteristik vermissen läßt. Einem als Bösewicht zum ewigen Feuer Verdammten werden Reden in den Mund gelegt, die für eine ganz andere als eine teuflische Gesinnung zeugen. Auch erscheint es gewiß als die größte Ungereimtheit, daß einer, der von den höllischen Flammen umzüngelt wird, von all den Qualen nichts anderes als ein von übergroßer Sommerhitze Geplagter zu spüren scheint, so daß er von einem Wassertropfen für seine Zunge Linderung hofft, und wiederum, daß er bittet, Lazarus möge seinen Finger eintauchen und ihm einen solchen Tropfen an der Hand in das Feuer hereinreichen, ohne acht darauf, daß weder der Tropfen noch die Hand das aushalten würden. Zudem lehnt sich die Parabel an keine wirkliche Erfahrung an und wird so, was ihre argumentative Kraft anlangt, zur reinen petitio principii. Zu folgern aber scheint, daß Gott keinen von den Toten Auferstandenen senden werde, da dies zu nichts führe, während doch Jesus wirklich als Auferstandener zurückzukommen gedacht haben soll. Gerne möchte ich annehmen, daß diese Parabel nicht echt, oder daß sie wenigstens wesentlich verunstaltet auf uns gekommen sei.

Wie die Begründung durch eine Parabel nicht immer kräftig erscheint, so finden wir auch manchmal einen A n a l o g i e s c h l u ß, der ungleich gewagter ist als die früher von uns erwähnten, wie z. B. wenn darauf hingewiesen wird, daß die Lilien des Feldes ohne zu nähen und zu spinnen schöner als Salomon in all seiner Herrlichkeit gekleidet sind; denn es scheint, als mute er uns zu, daraus zu folgern, daß durch Gott auch für uns gesorgt bliebe, wenn wir selbst für die Befriedigung

unserer Bedürfnisse nicht Sorge trügen. Das würde
wenig zutreffend sein, da, wie jenen Blumen die vegetativen Organe, uns Verstand und Hände und Füße ge-
liehen sind, um unser Leben und, was zu seinem Wohl-
sein gehört, uns zu verschaffen. Das „sorget nicht für
morgen" leidet, wie schon gesagt, an der bei Jesus
so gewöhnlichen Mißverständlichkeit und könnte ge-
radeso wie das Wort von den Verschnittenen zu den
größten Verkehrtheiten führen.

Indem wir in der Kritik der Begründungen, die Jesus
gibt, nun noch weiter gehen, müssen wir darauf hinweisen, daß, wie er selbst manchmal sich mißverständlich ausdrückte, er andere Male seinerseits einem Mißverständnis unterlegen ist. Indem er sich Matth. 22, 49
auf den Psalm: „Es sprach der Herr zu meinem Herrn,
setze dich zu meiner Rechten" (Ps. 110, 1) beruft, begegnet es ihm, daß er ihn nicht richtig deutet. Der
Psalm ist, wie die neuere Exegese mit höchster
Wahrscheinlichkeit dargetan hat, nicht von David ge-
dichtet, und das „zu meinem Herrn" geht auch nicht auf
den Messias, sondern auf Simon Maccabäus, der als
Priester nach der Ordnung Melchisedeks erscheint, insofern er aus dem Priestergeschlecht der Leviten stammte
und doch (was früher nur Sprößlingen des Hauses Juda
zukam) als König über Jerusalem herrschte. Die Beifügung des „in Ewigkeit" scheint nur darum gemacht, weil
trotz den an das Juda gemachte Versprechen sich knüp-
fenden Bedenken die königlich priesterliche Würde defi-
nitiv auf den Makkabäer übergegangen sein soll. Ähnlich heißt es ja auch einmal, das gelobte Land solle den
Israeliten als ewiger Besitz zukommen.

In längere Argumentationen, die Glied mit Glied ver-
kettend von dem unmittelbar der Vernunft Einleuchten-
den zu fern abliegenden Erkenntnissen fortschreiten,
sehen wir Jesus, auch wo er zu dem engeren Kreise
seiner Jünger spricht, niemals eingehen. Und so liegt
denn auch kein Zeichen dafür vor, daß er je versucht
habe, einen Vernunftbeweis für das Dasein Gottes
oder für die Unsterblichkeit der Seele zu erbringen.
Hinsichtlich des Daseins Gottes könnte man vielleicht
sagen, sei ein solcher darum nicht nötig gewesen, weil

unter den Juden niemand, auch nicht die Sadduzäer es anzweifelten. Doch möchte man fast glauben, er habe einen solchen Beweis aus der Vernunft auch gar nicht für möglich gehalten, denn wie wäre sonst das Wort zu verstehen: niemand könne den Vater erkennen, außer der Sohn, und wem es der Sohn offenbaren wolle? Wenn nun dies, so stände seine Ansicht zwar nicht mit der des Pascal, wohl aber mit der des Paulus im Römerbrief und auch mit der der katholischen Kirche in ihrer Lehre von den praeambula fidei im Widerspruch. Was aber die Unsterblichkeit der Seele anlangt, so entfällt jener für das Fehlen von jedem Vernunftbeweis für das Dasein Gottes vorgebrachte Erklärungsgrund. Die Sadduzäer leugnen sie. Jesus will sie widerlegen und greift doch zu keinem natürlichen Argument, sondern beschränkt sich auf jenen, wie wir gesehen haben, so wenig einwandfreien Schriftbeweis. Und wie wir in betreff seiner uns hier begnügen können auf früheres zu verweisen, so auch in bezug auf einige andere Fälle, wo eine von Jesus gegebene Begründung, namentlich wenn man sich auf den Standpunkt der kirchlichen Auffassung stellt, von dem Vorwurf eines Paralogismus durch Äquivokation nicht freigesprochen werden kann. (Vgl. o. S. 60.)

Auch an Verstößen gegen naturwissenschaftliche Wahrheiten fehlt es nicht, und wenn es sich wohl hören läßt, daß Jesus seinen Beruf nicht darin sah, unsere naturwissenschaftlichen Erkenntnisse zu erweitern, so scheint es doch in keiner Weise zu billigen, wenn er in Äußerungen, die Naturwissenschaftliches berühren, von der Wahrheit abweicht.

Schließlich sei auch noch bemerkt, daß Jesus in den von ihm gebrauchten drastischen Wendungen und Vergleichen nicht überall originell ist. Er erborgt sie vielmehr zum öfteren von einem der älteren Propheten, ohne diesen dabei namhaft zu machen, doch deutet er, wie mir scheint, im allgemeinen darauf hin, wenn er sich einem Haushälter vergleicht, der bald neues, bald altes aus seiner Vorratskammer hervorholt.

Alle solche Beschränkungen lassen die früher im allgemeinen ausgesprochene Bewunderung der hohen Lehrgabe Jesu wohl bestehen, scheinen aber doch aufs klarste zu zeigen, daß auf die in den Evangelien gegebene Darstellung aus vielfachen Gründen kein Beweis, wie Pascal ihn führen will, sondern eher ein entgegengesetzter sich gründen lasse.

12. In Erwägungen, inwiefern dies auch durch den religiösen Inhalt der Lehre Jesu bestätigt werde, wollen wir hier nicht weiter eingehen, da wir später, wo es sich um die Berufung Pascals auf die Erhabenheit der christlichen Lehre handelt, davon zu sprechen haben werden.

13. Wenn Pascal, wo er uns die Größe Jesu vor Augen stellen will, auch der Vorzüge, die ihm als Lehrer zukommen, gedenkt, so verweilt er doch viel mehr noch bei den Vorzügen seines sittlichen Charakters, die er in seinem Leben sowohl da, wo er viele Jahre in demütigster Verborgenheit verbringt, als auch da, wo er aus dieser hervorgetreten sich um das Heil der Seelen bemüht, und ganz besonders in seiner Leidensgeschichte offenbart. Kein königlicher Glanz umgibt ihn, aber er strahlt in einer unvergleichlich höheren Art von Herrlichkeit, die ihm seine Tugend verleiht. Ich bin auch hier im allgemeinen weit davon entfernt, Pascal zu widersprechen. Ja, die hohe Bewunderung, die ich dem sittlichen Charakter Jesu, wie er in den Evangelien gezeichnet ist, zolle, macht es, daß sich etwas in mir sträubt, in eine Kritik einzugehen, welche auch in diesem gewisse Unvollkommenheiten nachweist. Allein, wo es sich darum handelt, aus der Schilderung Jesu eine so bedeutungsvolle Folgerung wie die der Wahrheit der christlichen Religion zu ziehen, wäre es unverantwortlich, wenn man sie nicht auch hier mit aller Sorgfalt übte. Und da scheint es denn unleugbar, daß Jesus oft nicht nur als ein Mensch erscheint, der wie andere Menschen leidenschaftlicher Aufregungen fähig ist, sondern auch als einer, der wie sie sich manchmal dadurch hinreißen läßt, andere mit ungerechter Härte zu beurteilen und mit Schmähungen zu überhäufen. Er nennt sich sanftmütig, aber daß er hinsichtlich der Sanftmut einem S o k r a t e s [5])

---

[5]) P l a t o n, wo er uns von der hohen Tugend des S o k r a t e s berichtet, erzählt, daß sein Äußeres in seltsamem Kontrast dazu gestanden, so zwar, daß es eher die Vermutung wachgerufen habe, man habe einen Menschen von unschönem Charakter vor sich. Auch

gleichgekommen, kann man wahrlich nicht behaupten.
Der Ehebrecherin und der Sünderin Magdalena gegenüber erscheint er milde, aber daß er es ebenso den Pharisäern gegenüber sei, wird niemand sagen können, welcher die Insulte hört, die er ausspricht, und noch dazu
nicht unter vier Augen, sondern vor allem Volk. Die
Härte erscheint hier um so größer, wenn man dem
Rechnung trägt, was Paulus von dem guten Willen dieser
Männer bezeugt, den wir wohl am besten uns begreiflich
machen können, wenn wir auf viele der späteren Eiferer
für die Sache Jesu hinblicken, selbst wo sie Scheiterhaufen erbauen. Auch mußte wohl das geringe Verständnis, das er für die Gesinnung seiner Gegner

läßt er Sokrates bekennen, daß er keineswegs den Neigungen zum
Unschönen und Niedrigen fremd, sie nur vermöge der Erkenntnis des
Guten zu überwinden vermocht habe. Wenn wir von der Sanftmut
des Sokrates sprachen, so hatten wir selbstverständlich nur die im
Auge, zu welcher er in der Zeit seiner philosophischen Reife gelangt war. Die Fälle, in welchen sich bei Jesus ein relativer
Mangel von Sanftmut zeigt, gehören zwar einer Periode an, wo er
schon durch Wort und Beispiel andere zu erleuchten suchte, doch gehören sie nicht in die Zeit seiner Leidensgeschichte, wo er vielmehr
sich ohne Zweifel in der wunderbar vollendetsten Weise sanftmütig darstellt, sei es da, wo Judas ihn mit einem Kusse verrät,
und Petrus, der ihn mit dem Schwert verteidigen will, davon
zurückgehalten wird, sei es, wo er dem Knecht des Hohepriesters,
der ihm einen Backenstreich erteilt, den Fehler verweist, sei es
bei jeder folgenden Mißhandlung bis zu dem „Vater verzeih ihnen,
denn sie wissen nicht, was sie tun". Es ist schier, als ob das
Wort: „Er nahm zu an Weisheit und Gnade", das von ihm als
Knaben gesagt wird, hinsichtlich der Sanftmut auch noch am spä-
testen Abende seines Lebens sich als wahr erweisen sollte. Und
ähnlich könnte man auch zwischen der Art, wie er sich in Rücksicht auf seine Mutter benimmt, einen Unterschied festzustellen
geneigt sein. Als Knabe scheut er sich nicht, die Mutter tagelang in
Angst und Schmerz suchen zu lassen, bei der Hochzeit von Kana begegnet er ihr gar wenig freundlich mit den Worten: τί ἐμοὶ καὶ σοὶ
γύναι; (Joh. 2, 4). Ein andermal, auf die Anwesenheit seiner Mutter
aufmerksam gemacht, wehrt er ab mit der Frage: „Wer ist meine
Mutter?" und spricht also wiederum so von ihr wie von jemandem,
der ihn so gut wie gar nichts angehe (Matth. 12, 48). Viel wohl-
gefälliger berührt es uns, wenn wir ihn vom Kreuz herab die
Worte sprechen hören: „Mutter sieh deinen Sohn, Sohn sieh
deine Mutter". Dies glaubte ich bemerken zu müssen, um nicht
bei meinem Vergleich der Sanftmut Jesu mit der des Sokrates ungerecht zu erscheinen. Es ist klar, daß er auch so gefaßt meiner
Absicht genügt.

zeigte, diese noch mehr in Gegensatz zu ihm bringen. Und wenn er sich h i e r gegen die Wohlberatenheit zu verfehlen scheint, so ähnlich auch anderwärts, wo er zu dem Volke in Worten spricht, die wie ausgesucht scheinen, ihm Ärgernis zu geben und es zum Abfall zu bewegen. Wirklich tritt derselbe infolge davon manchmal in dem Grade ein, daß Jesus die einzig treu gebliebenen Apostel fragt „Wollt nicht auch ihr mich verlassen?" Daß das Ärgernis aus Mißverständnis seiner Rede entsprungen sein soll, kann nicht wohl ein solches Benehmen entschuldigen, da man daraufhin um so leichter erkennen würde, wie es bei vorsichtigerer Ausdrucksweise vermeidlich gewesen wäre.

Jene Heftigkeit, welche den Widerspruch zur Schimpfrede sich steigern läßt und das Maß gebührenden Tadels überschreitet, zeigt er andere Male wie den Pharisäern auch seinen treuergebensten Jüngern gegenüber, wie z. B. wenn er Petrus Satanas schilt und ihm als solchem von ihm zu weichen gebietet. Man möchte kaum glauben, daß diese Worte von demselben Mund ausgehen, der ein andermal sagt, wer seinen Bruder „Narr" nenne, der sei der Hölle würdig. Und diese aufbrausende Natur spiegelt sich auch in einer Erzählung, die in mehrere Evangelien aufgenommen ist. Jesus wollte nach ihr, zu einem Feigenbaum gekommen, sich mit seinen Früchten sättigen, obwohl es nicht die Zeit der Feigen war, und da er keine Frucht fand, soll er, darüber aufgebracht, ihn verflucht haben, worauf der Baum alsbald verdorrte. Sein Benehmen erschiene hier dem von manchem jähzornigen Kinde ähnlich und als ein höchst lächerlicher Anthropomorphismus, da der Unwille sich ja sonst gegen die gottgesetzte natürliche Ordnung selbst kehren würde. Man wird sich nicht wohl entschließen können, diese Erzählung zu glauben, aber wie immer man die Legende für märchenhaft halten mag, so zeugt sie doch für die Vorstellung, welche man sich im Hinblick auf andere Ausbrüche leidenschaftlicher Erregung im allgemeinen von ihm hatte bilden können.

14. So ist denn das Bild von Jesus in den Evangelien trotz der unleugbaren Schönheit auch was die sittliche Seite anlangt nicht ein in der Art ideales, daß es

zum Anhalt eines Beweises für die Wahrheit der christlichen Religion gemacht werden könnte. Der Beweis-
versuch für das Gegenteil scheint vielmehr nahegelegt,
und daß solches dann auch nicht durch das Bild, welches
uns die Kirche in ihrer Dogmatik von ihm gibt, oder auch
durch das, in welchem er in den Herzen seiner gläubigen
Verehrer fortlebt, geleistet werden könne, ist in Rücksicht darauf schon von vornherein ausgeschlossen, da ja
die Evangelienberichte von diesen als historisch treu anerkannt werden. Ja, es kämen, wenn man an diese Bilder
sich hielte, wegen der früher von uns berührten Vernunft-
widrigkeit der christologischen Dogmen noch neue Bedenken hinzu.

15. Mit Recht sagt Pascal, kein Mensch, der in der Geschichte aufgetreten, habe mehr Aufsehen erregt als
Jesus. Selbst wenn man davon absieht, daß die mes-
sianischen Hoffnungen des jüdischen Volkes einen Mann
wie ihn durch Jahrhunderte erwarten ließen, bleibt es
sicher, daß nunmehr schon seit Jahrhunderten die vorgeschrittensten Kulturvölker auf ihn als ihren Erlöser
und Herrn für Zeit und Ewigkeit zurückblicken. Dieses
Aufsehen, fügt Pascal bei, hat er aber gemacht, obwohl
sein Leben in solchem Dunkel und solcher Verborgenheit
verflossen ist, daß die zeitgenössischen Historiker, indem
sie darauf ausgingen, nur das für die Staaten Wichtige
zu berichten, ihn so gut wie ganz übersehen haben.
Er staunt über diesen Gegensatz. Und in der Tat liegt
darin etwas gar seltsames, was es dazu kommen ließ,
daß wir, die wir heutzutage die ganze Zeitrechnung nach
dem Abstand von der Geburt Jesu vor oder rückwärts
bestimmen, die Zeit dieser Geburt selbst nicht mit zweifel-
loser Genauigkeit anzugeben vermögen. Es sprechen
Gründe dafür, daß sie ein paar Jahre von dem jetzt gemeiniglich dafür angenommenen Zeitpunkt abliege. Wenn
aber Pascal diesen merkwürdigen Gegensatz von Licht
und Dunkel in seiner Weise ausbeuten zu können glaubt,
so scheint er mir vielmehr in entgegengesetztem Sinne
verwertbar. Wer vom Walten einer göttlichen Providenz
in der Geschichte überzeugt ist, der wird, auch wenn er
sich nicht als Gläubiger zu der von Jesus gestifteten
Religion bekennt, nicht umhin können, in ihm einen

Mann von eminent providenzieller Sendung zu erblicken und infolge davon gewiß sein, daß die Vorsehung die Umstände so geordnet hat, wie sie am meisten zu der beabsichtigten großen Wirkung beizutragen geeignet waren. Und so muß denn auch jenes Dunkel, das ihn umhüllte, dem von ihm ausgehenden Einfluß dienlich gewesen sein. Dies wäre nun aber offenbar nicht der Fall, wenn die genaueste Kenntnis jeder Einzelheit seines Tuns ihn nur noch mehr als reines Ideal hätte erscheinen lassen. Anders, wenn auch an ihm bei Kenntnis jeder Einzelheit sich gar manche Schwäche, wie sie auch die größten bloß natürlichen Personen ausnahmslos zeigen, für jedes Auge unverkennbar herausgestellt hätte. Und so ist denn die Verborgenheit des Lebens Jesu nur von unserm Standpunkt aus als eine auf die Erreichung der beabsichtigten Wirkung zielende Fügung begreiflich, während man vom Standpunkte Pascals, wie mir scheint, zugeben müßte, die göttliche Weisheit habe hier nicht das getan, was nach der Bergpredigt jeder Vernünftige tut, da sie das Licht nicht auf den Leuchter, sondern unter den Scheffel gestellt habe. Unser obiger Nachweis, daß in Jesus selbst bei der Unvollständigkeit und mehrfachen Unsicherheit unserer Berichte neben den hohen Tugenden auch gewisse Schwächen sichtbar werden, dient dem zur Bestätigung.

16. Das fünfte Argument Pascals besteht in einem Hinweis auf die Apostel. Leicht gelingt es ihm zu zeigen, daß man sie sich nicht wohl als absichtliche Betrüger denken kann. So erscheinen sie ihm als sichere Bürgen der Auferstehung. Allein dazu wäre doch noch vieles andere nötig. Können sie nicht selbst im Irrtum gewesen sein? In welcher Art haben sie die Erscheinungen des Auferstandenen gehabt? Die Berichte der Evangelien stimmen nicht genügend miteinander überein, um als verlässige Zeugnisse darüber gelten zu können. Am besten sind wir über die Erscheinung, die Paulus gehabt haben soll, unterrichtet, und sie war offenbar nur ein Sinneseindruck, der nicht von außen kam, eine Art Halluzination.

Die Schilderung, welche die Evangelien von den Aposteln machen, scheint auch ein höchst unvollkommenes

Bild zu geben. Sie werden als Menschen von äußerster
Beschränktheit dargestellt, welche das leichtest Verständ-
liche nicht zu deuten wissen. Man kann ihnen eine
solche kaum zutrauen. Das Volk der Juden ist ein be-
gabtes Volk. Jakobus der Jüngere und Johannes waren
nahe Verwandte Jesu. Die Beschäftigung mit religiösen
Fragen hatte beim Volk zu höherer Ausbildung geführt.
Nachdem sie auf was immer für eine Weise zur Überzeugung von der Auferstehung Jesu gelangt waren, stärkte
diese ihren gesunkenen Glaubensmut, und das große Beispiel, welches ihr hoher Meister ihnen in seinem Mar-
tyrium gegeben, eiferte sie, wie ja auch noch später viele
Anhänger Jesu und sogar zarte Jungfrauen an, ohne
Todesfurcht für ihn einzutreten. Eine Stärkung durch
die wunderbare Ausgießung des Heiligen Geistes am
Pfingstfeste ist darum zur Erklärung ihres Verhaltens
nicht erforderlich, und Paulus rührt mit keinem Wort
auch an dieses Wunder. Daß sie der niederen Klasse des
Volks entnommen waren, mochte sie besonders geeignet
machen, auf solche, die den niederen Volksschichten angehörten, zu wirken. Immerhin wäre, wie es scheint,
selbst bei diesen der Erfolg ein unvergleichlich geringerer gewesen, wenn sich nicht in P a u l u s ein Mann
von weitaus bedeutenderer Kraft, ja von einem wahrhaft
spekulativen Geiste ihnen zugesellt hätte. Er war ein
großes agitatorisches Talent, durch die ihm gewordene
Halluzination vollkommen überzeugt und in jeder Beziehung geeignet, auf die Griechen, welche damals an-
gefangen hatten, sich von religiösen Ideen des Orients
beeinflussen zu lassen, zu wirken. Das geschah aber
mehr und mehr auch noch von anderen hoch gebildeten
Männern, unter welchen gelegentlich ein gewisser A p o l -
l o n als einflußreicher Prediger genannt wird. Die Überlegenheit der religiösen Lehren der Juden gegenüber denen
der heidnischen Mythologie, die schon X e n o p h a n e s
zum Ärgernis gewesen waren, hatte bereits beim ersten
Bekanntwerden in Athen T h e o p h r a s t rühmend hervorgehoben. So war es gewiß kein Wunder, daß sie, durch
die Predigt der Apostel und ihrer Schüler zu allgemeinerer
Kenntnis gebracht, zu einem leichten Siege geführt
wurden. Mit ihnen mischten sich die Dogmen, welche

sich auf Jesus als Messias bezogen, und die Schilderung
seiner Persönlichkeit und insbesondere der Größe, die
er in seinem Leiden und Sterben gezeigt, war wohl
geeignet, die Herzen noch mehr zu gewinnen. Hoffnungen auf seine nahe Wiederkehr und einen über-
schwenglichen Lohn wurden geweckt, und alles, wogegen
man sich auflehnte, zeigte sich abscheulich und verächtlich. Es entstand eine mächtige Bewegung, ähnlich der sozialistischen in unserer Zeit, nur von höheren
Ideen, aber keineswegs von solchen, die nicht auch dem
minder Gebildeten, ja Kindern in zartem Alter zugänglich
wären, getragen. Die Apokalypse, ein keineswegs sehr
sympathisches Buch, ist doch wertvoll als ein Zeugnis
für die lockende Hoffnung auf nahen Sieg und nahe
Rache, welche damals die Gemüter der Unterdrückten,
die sich dem Christentum anschlossen, erfüllte.

Daß wie in allem, was in der Welt geschieht, auch
bei der Einführung des Christentums durch die Apostel
die Providenz gewaltet, ist kein Zweifel. Auch scheint
es mir unleugbar, daß es einen großen historischen Beruf
hat, womit aber noch lange nicht gesagt ist, daß seine
Lehre reine Wahrheit und eine abschließende Gottes-
offenbarung sei.

Was Jesus bei der Wahl gerade dieser Apostel geleitet,
ist nicht mit Sicherheit zu sagen. Selbst aus dem Hand-
werksstand entsprungen, gelangte er aber gewiß leichter
mit Menschen aus der niederen Klasse in Fühlung. Die
Nachteile, die sich daran knüpften, nahmen ihm die
Zuversicht des Gelingens seiner Revolution und Reform
nicht, daß sie aber an und für sich wahre Nachteile
waren, scheint durch die unvergleichlich größeren Er-
folge, die Paulus erzielt hat, dargetan.

Man sieht leicht, wie dieser eigene Gedanken mit dem
wenigen ihm als Lehre Christi Mitgeteilten verflochten
hat. Eine Art Philosophie der Geschichte hat er auf-
gebaut, bei welcher dem ersten Adam Jesus als zweiter
Adam gegenübergestellt wird. Vom ersten wird durch
die Zeugung die Sünde, vom zweiten durch den Glauben
an ihn die Gnade auf uns übertragen. Eine Prädestinationslehre, die nicht ohne empörende Härte ist, und die
sich bei Jesus nicht ähnlich verletzend ausgesprochen

findet, ist an die auch von ihm geteilte Höllenlehre geknüpft. Und so sehen wir es denn sogleich nicht zu
einer einfachen Erhaltung, sondern zu einer dogmatischen Weiterbildung der Lehre Jesu kommen. Welches
diese eigentlich gewesen und insbesondere, in welcher
Weise er geglaubt habe, durch seinen Tod die Welt zu
erlösen berufen zu sein, ist eine nicht leicht zu beantwortende Frage. Der absurde Gedanke, daß einer statt
des andern büßen könne, darf ihm vielleicht nicht schuld
gegeben werden. Er hat, wie in gewissem Maß auch
Sokrates, durch seinen Tod mehr noch und eindrucksvoller gelehrt, was das Ideal eines Menschen ist, als
durch alle seine Predigten.

Kehren wir zur Frage, ob der Hinweis auf die Apostel
ein wahrhaft kräftiges Argument für die Wahrheit des
Christentums abgebe, zurück, so glauben wir, sie hiernach nicht anders als verneinen zu müssen. Gewiß, sie
waren keine Betrüger, aber ob sie nicht unbewußt falsches Zeugnis gegeben, ist nicht zu erweisen. Die
Berichte über sie sind zu unvollkommen. Sowohl die
Schilderung einer extremen Beschränktheit in den Evangelien, als auch die ihres Benehmens nach Christi Tod
in der Apostelgeschichte scheint unglaublich. Was soll
man z. B. zu der Hinrichtung von Ananias und Sa-
phira sagen? Hatte Petrus so wenig von dem Geist
Jesu in sich aufgenommen, welcher es den Aposteln
ernst verwiesen, als sie zur Strafe Feuer vom Himmel
fallen lassen wollten, und den Petrus selbst gemahnt
hatte, das Schwert in die Scheide zu stecken? Und hätte
die römische Rechtspflege jene gewaltsame Tötung unbeachtet und unbestraft hingehen lassen? Alles ist hier
wieder märchenhaft gefärbt, und wie soll da Wahrheit
und Dichtung geschieden werden?

Daß auch die Worte Petri: „Du hast nicht Menschen,
sondern den Heiligen Geist belogen" nur durch künst-
liche Umdeutung von dem Vorwurf der Absurdität frei-
sprochen werden könnten, sei nur beiläufig bemerkt.

Wenn man an die wunderbaren Dinge glaubt, die in
jenen Zeiten geschehen sein sollen, so erscheint es gewiß aufs höchste erstaunlich, daß die Providenz nicht
Sorge getragen hat, daß uns ein vertrauenswürdigerer Be-

richt über jene Wunder vorliegt, und so könnte man, wenn man erwägt, was wir von den Aposteln wissen und nicht wissen, vielmehr zum Zweifel als zum Glauben an das Christentum angeregt werden. Paulus in seinen Briefen schildert sich uns nicht als Wundertäter und weiß auch kein Wort davon, daß andere Apostel Wunder gewirkt hätten, ja, auch von Wundern, die Christus selbst gewirkt habe, weiß er nichts und beruft sich nur auf das der Auferstehung. Bei dieser aber stimmt sein Bericht so wenig mit denen der Evangelien, als einer von diesen mit dem andern überein.

17. An sechster Stelle verweist Pascal auf Moses und die Propheten. Die Weise aber, in welcher er argumentiert, ist für die Schwäche der Sache äußerst charakteristisch. Er sagt, die Schwächen seien bei Moses auffällig, und da er ohne Zweifel praktisch klug gewesen, so seien sie ihm gewiß nicht verborgen geblieben. Eben darum zeugten diese Schwächen nicht gegen, sondern für ihn. Sie bewiesen seine Ehrlichkeit. Wer kann diese Empfehlung Pascals ernst nehmen? Die Moses zugeschriebenen Berichte sind in vielen und wesentlichen Stücken zweifellos falsch. So der Bericht über die Schöpfungstage, so die Angabe der Zeit, die von Adam an bis auf ihn verflossen wäre. So, um nur einiges ganz Gröbliche zu nennen, die Geschichte von der Arche Noahs und von der Sprachverwirrung am Babylonischen Turm. So die Berichte über seinen Wunderwettkampf mit den ägyptischen Priestern und das Benehmen, das Pharao dabei eingehalten hätte, und so auch noch die folgenden Wundergeschichten, wie die von der Verwandlung des Nil in Blut und dem Durchzug durch das rote Meer, von welchen allen die profane Geschichte nichts weiß. Es kommen dazu noch die von uns schon berührten Verstöße gegen die Sittlichkeit, die hinreichen, um das Werk als alles andere eher, denn als Werk des göttlichen Geistes darzustellen. Und was für Schilderungen werden von Gott selbst gegeben? Wie z. B. wenn von Gott erzählt wird, wie er an Mosis Wohnung vorbeigehend ihm erlaubt, ihn von hinten zu schauen. Natürlich versucht man dies allegorisch zu deuten, aber so leicht dieses, so unmöglich kann es

gelingen, es zu rechtfertigen, daß man dem Volk von
Gott so unzutreffende Bilder entwirft. Derselbe Moses
hatte geglaubt, verbieten zu müssen, daß man von Gott
ein geschnitztes Bild mache. Um wieviel mehr hätte
er, wenn er zu dem Volke von Gott spricht, sich enthalten sollen, ihn in gröblich geschnitzten Bildern ihm
vor Augen zu stellen.

Und wenn man von Moses zu den folgenden Propheten übergeht, so begegnet man noch gar vielem, was
skandalös genannt werden muß. Auf solches, was bei
David und Deborah sich zeigt, habe ich schon ver-
wiesen, doch will ich noch auf die Roheit aufmerk-
sam machen, die da hervortritt, wo erzählt wird, ein
Prophet habe, um symbolisch das Verhältnis des Volkes
Israel zu Gott anschaulich zu machen, sich mit einer
Hure verbunden, und nicht etwa zu einer seiner unwür-
digen Ehe, sondern um Hurenkinder mit ihr zu erzeugen.
Eine starke Zumutung, zu glauben, daß ihn göttliche
Inspiration dazu getrieben habe!

Pascal bewundert außerordentlich den mosaischen
Dekalog. Wenn man ihn aber näher betrachtet und
die Sittengesetze anderer Gesetzgeber mit ihm vergleicht,
so wird die Bewunderung abnehmen. Daß man die Lehre
von der Unerlaubtheit eines geschnitzten Bildes verlassen könne, ohne an der Geistigkeit Gottes irre zu
werden, hat die kirchliche Praxis längst anerkannt, und
ebenso ist die Sabbatlehre entweder gar nicht als be-
deutungsvoll zu erachten, oder doch gewiß aus ganz
anderem Motive als dem, welches die Zusammenstellung
mit dem ersten und zweiten Gebot nahe legt. Der Ruhetag, der auf sechs Schöpfungstage folgte, ist ein Aberglaube, und Jesus hat sehr wohl erkannt, daß der
Sabbat nicht um an einen solchen zu erinnern, sondern
um einem Bedürfnis des Menschen zu genügen, ein-
gesetzt sei. Auch das vierte Gebot erscheint durch die
Motivierung mit der Verheißung langen Lebens ent-
würdigt. Das Verbot des Ehebruchs schützt einseitig die
Rechte des Mannes, während die Frau gegen keinerlei
fremde Liebe des Gatten, ja auch nicht gegen Neben-
frauen jemals zu klagen ein Recht hat. Das Verbot
einfacher Unzucht ist auch gar nicht eingeschlossen.

So heißt es denn auch im neunten Gebot nur, „Du sollst nicht begehren deines Nächsten Weib", keineswegs aber „deines Nächsten Mann".

Was nach alle dem Gutes von dem Dekalog zu sagen bleibt, bedarf nur des Vergleichs mit Gesetzen, die bei andern Völkern galten, um die Bewunderung Pascals als exzessiv erscheinen zu lassen. Das ägyptische Totenbuch enthält in der Form von Lob, das den Verstorbenen erteilt wird, den Ausdruck der sittlichen Billigung von dem, was wir noch heute als gut erkennen, und die Behauptung, daß der Dekalog das älteste aller Gesetze gewesen sei, ist heute längst als irrig erwiesen.

18. Als **siebentes** Argument dient Pascal ein **Hinweis auf die Juden.** Er macht auf eine Mannigfaltigkeit von Eigentümlichkeiten aufmerksam, die sie von allen anderen Völkern unterscheiden und von denen manche nicht aus natürlichen Ursachen begreiflich sein sollen. Mehrfach ist er dabei auf die Berichte der ihnen heiligen Bücher selbst angewiesen, und er trägt darum Sorge, uns davon zu überzeugen, daß diese Berichte glaubhaft seien.

Sie reichen bis auf den Ursprung des Menschengeschlechts zurück, und dies, möchte man meinen, müsse vieles sagenhaft erscheinen lassen. Allein die Juden, sagt er, sind als das älteste Volk zu betrachten, wie denn **Flavius Josephus** nachgewiesen hat, daß sie zuerst Gesetze hatten, während bei allen anderen Völkern selbst der Name „Gesetz" noch ganz unbekannt war, und daß die Gesetzgeber, die später auch bei diesen auftraten, und so auch besonders die Gesetzgeber Roms vieles aus dem jüdischen Gesetz entlehnten. Auch stand Moses dem Anfang der Menschengeschichte, wenn man auf die Zahl der vorausgegangenen Generationen achtet, nicht so ferne, wie wenn man auf die Zahl der Jahre blickt, wenn die Lebenszeit des einzelnen Menschen in der Urgeschichte so ausgedehnt war, wie uns erzählt wird; erreichten doch manche ein Alter von nahezu tausend Jahren, und die Zeit von Adams Erschaffung bis Moses soll nicht mehr als zweieinhalb Jahrtausende betragen haben. So berichtet denn Moses auch über die allerältesten Ereignisse schier noch wie ein Zeit-

genosse, für die ihm näher liegenden und für das, was
von anderen Berichterstattern über die ihm folgenden
Zeiten erzählt wird, entfällt von vornherein die berührte
Schwierigkeit, und die Chronik ist eine fortlaufende.

Für die Treue, mit welcher das Volk seine Traditionen
wahrte, bürgen eine Reihe von Umständen von nicht
gewöhnlicher Art.

Schon das war dafür von Bedeutung, daß, während
andere Völker durch eine Mischung verschiedenartigster
Volkselemente sich gebildet haben, das jüdische Volk
einem einzigen Manne entstammte. Sie waren alle Samen
Abrahams und bildeten als Brüder nicht bloß ein Volk,
sondern eine Familie. In einer Familie geschieht es
aber leichter, daß die sie betreffende Tradition sich erhält.

Noch anderes und Bedeutenderes können wir aber
zugunsten der Treue geltend machen. Die Bücher, welche
das ganze Volk als heilige verehrte, enthalten gar vieles,
was ihm zur Unehre gereicht. Die bittersten Vorwürfe
werden ihm gemacht, Drohungen gegen es ausgestoßen.
Es wird auch für seine Zukunft in Aussicht gestellt, daß
es sich schlecht benehmen werde, ja, daß Gott, infolge
davon seiner überdrüssig, einem andern Volk statt ihm
seine Gunst zuwenden werde. Sollte man es für möglich
halten, daß ein Volk darauf bedacht war, solche herabsetzende Äußerungen zu wahren? Pascal meint, nur als
etwas Übernatürliches lasse sich diese Sorgfalt begreifen,
und sie gebe uns den klarsten Beweis dafür, daß an eine
Fälschung gar nicht zu denken sei.

Dieselbe gewissenhafte Bewahrung seiner Bücher finden
wir auch noch nach Christus und nach der Zerstörung
Jerusalems zu einer Zeit, wo die darin niedergelegten
Hoffnungen auf einen Messias längst hätten erfüllt sein
müssen. Aber das Volk hält diese Hoffnungen so wert,
daß es nicht von ihnen läßt, und es tut dies, indem es
die Weissagungen ganz und gar mißdeutet. Es glaubt,
es würden ihm niedere sinnliche Güter in Aussicht gestellt, die das einzige sind, wonach es Verlangen hat.
So hat es denn in seiner großen Mehrheit die wirklich
eingetretene Erfüllung der Weissagungen nicht anerkannt,
hütet sie aber noch immer und erscheint so für ihre
Echtheit als ein um so weniger verdächtiger Zeuge.

Von den P r o p h e t i e n selbst und ihrer wunderbaren
Erfüllung, welche eines der vornehmsten und unab-
weisbarsten Zeugnisse für das Christentum sein sollen,
so wie auch von der sittlichen Erhabenheit der Bücher
wollen wir jetzt nicht sprechen, da Pascal von dieser
schon früher gehandelt hat und auf jene sogleich im
besonderen eingehen wird.

Dagegen ist auch noch darauf hinzuweisen, daß schon
die lange Erhaltung des Volkes unter den mannigfachsten
erschwerenden Verhältnissen wie ein Wunder erscheint.
Es erhält sich in seiner Knechtschaft in Ägypten, es erhält sich nach der Eroberung Palästinas trotz der vielfachen Gefahren, die sich an seine exponierte Lage
knüpfen. Es wird nach Babylon ins Exil geführt und
erhält sich auch in dieser neuen Gefangenschaft. Es
erhält sich auch später wieder nicht bloß in dem Mutter-
land, sondern auch in der Diaspora und in dieser auch
dann noch, wo sie allgemein wird und die Juden, unter
allen anderen Völkern zerstreut, der tiefsten Verachtung
verfallen. Pascal erscheint gerade auch dieses letzte
zähe Festhalten als etwas Widernatürliches und ohne
eine besondere wunderbare Fügung der Vorsehung Un-
denkbares; sei es doch ganz widernatürlich, daß man
sich an das anklammere, was unglücklich macht.

Auch noch etwas anderes scheint ihm beim Vergleich
des Judenvolkes in diesen letzten und in früheren Zeiten
auffallend. Früher, da es noch seiner eigentümlichen
staatlichen Ordnung und seiner Hierarchie sich erfreute
und auch Propheten von Zeit zu Zeit auftraten, die es
durch Wort und Wunderzeichen vom Bösen zurück-
hielten, hatte es eine stete Hinneigung zur Götzen-
dienerei gezeigt, der mit allen diesen Mitteln entgegen-
gearbeitet wurde. Jetzt aber, wo das Volk aller dieser
Hilfe beraubt ist, sehen wir diesen Hang vollkommen
verschwunden. Auf eine größere Gnadenfülle diesen
Unterschied zurückzuführen, ist Pascal natürlich nicht
geneigt, betrachtet ihn aber doch in seiner Weise als
im Zusammenhang mit dem besonderen Beruf des Juden-
tums stehend. Solange das Judentum die wahre Kirche
repräsentierte und dem Christentum als Vorbereitung
dienen sollte, meint Pascal, habe die Hölle ein ganz

besonderes Interesse gehabt, es zum Götzendienst zu verleiten. Jetzt aber, wo sie es ohnehin auf einem Abwege sehe, habe sie keine Ursache, ihm solche Versuchungen zu bereiten.

So scheint denn Pascal das Judenvolk durch eine Fülle von Eigentümlichkeiten ausgezeichnet, von denen viele im einzelnen nicht wohl natürlich begreiflich seien, und die in ihrer Gesamtheit genommen, es in religiöser Beziehung als etwas ganz Unvergleichliches, als ein Unikum unter allen Völkern des Altertums erkennen ließen.

19. Indem wir auf diese Bemerkungen Pascals prüfend eingehen, müssen wir vor allem hervorheben, daß vieles von dem, was er vorbringt, heutzutage als unrichtig dargetan ist. So haben wir Beweise dafür, daß schon vor mehr als 20 000 Jahren in Ägypten eine Kultur bestanden hat, und es kann darum keine Rede mehr davon sein, daß das jüdische Volk als das älteste Volk und seine Gesetze als die ersten und als das Vorbild für alle anderen zu betrachten wären, soll doch Moses nicht mehr als anderthalb Jahrtausend vor Christus und der Erzvater Abraham auch um nur wenige Jahrhunderte früher als Moses gelebt haben.

Alles, was Pascal aus der relativen Nähe des Anfangs der Weltgeschichte zugunsten der Wahrheit der mosaischen Urgeschichte folgert, ist darum hinfällig, ja, diese Berichte selbst sind sowohl wegen ihrer falschen Zeitangaben, als auch wegen des vielen, was, wie wir schon früher zeigten, einen grotesken, märchenhaften Charakter trägt, widerlegt, und was von diesen ältesten Zeiten gilt, gilt ebenso noch für solche Ereignisse, für die Moses wirklich ein Zeitgenosse gewesen wäre und bei denen er selbst eine hervorragende Rolle gespielt hätte, wie die wunderbaren Vorgänge beim Auszug aus Ägypten. Auch in bezug auf sie wollen wir früher Gesagtes nicht wiederholen.

Von dem aber, was Pascal Wahres erzählt, ist nichts, was uns nötigte, es auf übernatürliche Ursachen zurückzuführen. So sehen wir wohl jetzt das Judenvolk die ihm heiligen Bücher mit Treue und Sorgfalt hüten, und wir dürfen annehmen, daß es viele Jahrhunderte vor Christus dies ganz ebenso getan habe. Allein, wenn

Pascal meint, dies erscheine ganz widernatürlich wegen des vielen Entehrenden, das in diesen Büchern gefunden wird, so übersieht er ein Doppeltes. Einmal, daß in der älteren Zeit die Priesterkaste es war, in deren Händen die heiligen Schriften sich fanden, und daß die vielen Vorwürfe, welche in den Büchern enthalten sind, sich nicht sowohl gegen sie, als gegen das Volk und die Könige richteten und sie insbesondere trafen, wo sie sich mit der geistlichen Gewalt in Widerspruch setzten. Übrigens enthielten auch für das Volk die Schriften neben dem, was ihm zur Unehre gereichte, vieles, was es über alle anderen Völker erhob. Es erschien darin als das vor allen auserwählte Volk, das Gott oft gegen die mächtigsten Feinde geschützt, dem er in Rücksicht auf seinen Bund mit Abraham wieder und wieder vergeben und einen Messias versprochen hatte, dem die ganze Erde untertan sein sollte. Pascal selbst sagt, daß sie dessen Reich als ein irdisches und die Glücksgüter, die es gewähre, als sinnliche deuteten, und daß dies wesentlich beitrug, die Verheißung lockend erscheinen zu lassen. Dies letzte zeigt sich gewiß auch heute mächtig wirksam.

Wenn Pascal aber nicht allein das treue Bewahren der heiligen Bücher, sondern auch schon die lange Erhaltung des Volkes unter so mannigfachen erschwerenden Umständen nicht bloß auffallend, sondern geradezu aus bloß natürlichen Ursachen unbegreiflich findet, so geht er auch hier viel zu weit und hätte, wenn er dem nachgeforscht, was sich als natürlicher Erklärungsgrund bietet, sowie auch, was von ähnlichen Erscheinungen in der Geschichte sich zeigt, wohl erkannt, daß wir nicht nötig haben, zu einer Wunderhypothese unsere Zuflucht zu nehmen. Es gibt Familien, die einen besonders hochentwickelten Familiensinn und auch Völker, die eine besondere Vorliebe für die eigene Rasse haben. Wenn bei den Juden, wie Pascal selbst meint, das Volk ein Volk von Brüdern und so gewissermaßen eine einzige große Familie ist, so mochte dies nicht wenig dazu beitragen, das Gefühl engerer Zusammengehörigkeit zu steigern. Dies hat gewiß schon in der Zeit der ägyptischen Knechtschaft sich geltend gemacht und die

Vermischung mit den Ägyptern verhindert. Sie haben auch wohl in ihrer besonderen Sprache miteinander verkehrt und durch besondere religiöse Anschauungen, die sie von den Vätern her sich gewahrt, von den Ägyptern sich unterschieden. Durch manche ihrer Eigentümlichkeiten waren sie den Ägyptern wie später den Römern und in der neuesten Zeit den germanisch aufgemischten Völkern Europas unsympathisch. Eine Art Antisemitismus hatte sie von der übrigen Gesellschaft entfernt und sie zu Knechten herabgedrückt. Man sann auf Mittel, ihrer Vermehrung Einhalt zu tun, und als Moses sie, um der Bedrückung ein Ende zu machen, aus Ägypten führen wollte, begrüßten wohl die meisten Ägypter diesen Gedanken, wie heute viele Antisemiten den Zionisten Beifall spenden, wenn sie ihr Volk zur Auswanderung und zur Gründung eines besonderen Judenreiches bestimmen wollen. Daß man sie trotzdem, wie berichtet wird, dann verfolgt habe, erschiene nach der Erzählung von der Veruntreuung der goldenen und silbernen Gefäße noch immer leicht begreiflich.

Neben der anererbten Disposition zu einem sehr ausgesprochenen Rassengefühl trug dann eine Reihe von Institutionen, die Moses dem Volk gegeben, dazu bei, seinen Zusammenhalt zu festigen, und nach der Eroberung von Palästina kam es zu hierarchischen Vorschriften, welche zu jährlichen Besuchen des Tempels in Jerusalem verpflichteten und so das Gefühl der nationalen Einheit stärkten. So konnte es geschehen, daß weder die vielen politischen Stürme, welche über Palästina dahinbrausten, noch auch die Deportation des seiner hierarchischen Ordnung treu gebliebenen Volkes nach Babylon Juda zur völligen Auflösung führte, während die Stämme des Reiches Israel allerdings in dem assyrischen Exil durch Vermischung mit anderen Völkern gänzlich ihre Sonderexistenz verloren.

Nach der Zähigkeit, welche das Volk früher bewiesen, darf es auch nicht allzusehr wundernehmen, wenn es in der Diaspora, als sie nach der Zerstörung Jerusalems zur allgemeinen wurde, fortfuhr, sich als eine Nation zu fühlen. Auch war es sehr natürlich, daß sie sich nun erst recht an die ihnen eigentümliche Religion und an ihre heiligen Bücher klammerten. Die Superiorität derselben gegenüber den heidnischen Mythen, an welche die gebildeten Heiden selbst nicht mehr glaubten, mußte sich ihnen fühlbar machen, und der Gedanke, das auserwählte Volk zu sein, und die Hoffnung, trotz aller augenblicklichen Erniedrigung einmal zur Herrschaft über die ganze Erde zu gelangen, war ihnen jetzt ein um so unentbehrlicherer Trost.

Ihr Zusammenhalt brachte ihnen aber auch und bringt ihnen noch heute große Vorteile. Pascal staunt darüber, daß sie bei der allgemeinen Mißachtung nicht vorziehen, ihre Sonderstellung aufzugeben; es sei ja doch widernatürlich, freiwillig elend zu sein. Allein er beachtet nicht, daß die Juden mehr als andere zu Reichtum zu gelangen pflegen, und daß dabei ihr besonderer Zusammenhalt ihnen sehr wesentlichen Vorschub leistet.

Außer den Juden finden wir noch ein Volk, welches in andere Völker eingestreut durch Jahrhunderte sich in seiner Sonderstellung erhält: es ist dies das Volk der Zigeuner. Ihre Erhaltung hat etwas, wie mir scheint, noch mehr Befremdendes. Nicht die Anhänglichkeit an eine Religion und ihre Verheißungen übt dabei einen Einfluß aus, vielmehr pflegen sie, wenn sie bei dem eigentümlichen Nomadenleben, das sie führen, eine Landesgrenze überschreiten, die in dem neuen Gebiet herrschende Religion sich zu eigen zu machen, um sie bei der nächsten Landesgrenze wieder aufzugeben. Auch sehen wir sie nicht wie die Juden durch gegenseitigen Zusammenhalt zu Reichtum gelangen, nur die Liebe zu einem steten Wanderleben, die sich in ihnen unausrottbar zeigt, ist das, was sie in ihrer Absonderung erhält.

Wenn endlich Pascal auch darauf als auf etwas Erstaunliches hinweist, daß das jüdische Volk, das zur Zeit, als noch eine priesterliche Hierarchie bestand und Propheten auftraten, soviel Neigung zum Götzendienst gezeigt hatte, jetzt ohne solche Hilfe nicht mehr in ihn verfällt, so würde er nicht zu seiner Erklärung auf eine Hypothese über die besonderen Absichten der Hölle haben greifen müssen, denn es ist einfach die Folge davon, daß die Juden sich jetzt nicht mehr wie in alter

Zeit von Philistern und Amalekitern und anderen Völkern
umgeben sehen, die den Baalsdienst betreiben. Wie
sehr dies von Bedeutung ist, mögen wir daraus erkennen, daß sie jetzt zwar nirgendwo zur Abgötterei,
wohl aber vielfach zum Atheismus neigen, wenn sie in
einem Lande leben, wo materialistische Ideen vorherr-
schend sind, während wir sie, wo sie sich unter einem
christlich gläubigen Volk befinden, in Nachahmung seiner
Religiosität den Satzungen ihrer eigenen Religion treuer
nachkommen sehen.

20. So hat denn gar vieles von dem, worauf Pascal
in betreff des Judenvolks hinweist, die Bedeutung nicht,
die er ihm beimißt. Allein trotzdem muß ich ihm darin
beipflichten, daß das Judenvolk in religiöser Beziehung
allen andern Völkern des Altertums überlegen erscheine.
Der Vorzug ihrer Vorstellungen von dem, was göttlich
ist, machte sie, als zur Zeit Alexanders Griechenland
mehr mit ihnen bekannt wurde, sofort T h e o p h r a s t
auffällig. Er nannte die Juden „ein philosophisches
Volk". So groß man aber auch den Abstand nennen
mag, der sich zwischen ihnen und anderen Völkern in
religiöser Beziehung findet, auf übernatürliche Einflüsse
werden wir diese Auszeichnung doch nicht zurückführen.
In ganz analoger Weise wie die Juden in religiöser Beziehung, finden wir im Altertum die Griechen durch ihre
Leistungen auf dem Gebiet der Poesie und bildenden
Kunst, der Mathematik, Mechanik, Astronomie, Biologie,
Geschichte und Philosophie alle anderen Völker über-
ragend. Nichtsdestoweniger fühlen wir keine Versuchung,
diese ihre einzigartige Auszeichnung auf ein Wunder
zurückzuführen, sondern glauben sie einem Zusammenwirken mehrfacher günstiger natürlicher Bedingungen
entsprungen, und analog werden wir darum uns auch
den religiösen Vorzug der Juden trotz seiner Einzig-
artigkeit zu erklären haben. Nichts von dem, was uns
von glaubwürdigen Tatsachen vorliegt, zeigt sich damit unvereinbar.

Die Analogie zwischen dem, was die Juden, und
dem, was die Griechen von einzigartigem Vorzug besitzen, zeigt sich auch darin, daß, wie das Judentum
die Anregung zu dem Christentum gegeben hat, welches

sich als Religion noch viel großartiger und mit seinen Segnungen alle Völker berührend erwiesen hat, an die griechische Kunst und Wissenschaft in der modernen Zeit eine in vieler Beziehung noch gewaltigere Entwicklung sich anschloß.

Von allen Mängeln frei war aber auch diese nicht, und so mag denn auch dem Christentum noch manches fehlen, um als Religion vollkommen, von allem Irrtum frei und mit wahrhaft übernatürlichen Gaben ausgestattet genannt werden zu können.

Ja, nicht bloß kein Beweis ergibt sich aus dem Blick auf das Judentum und seine Geschichte für die Berechtigung der Ansprüche des Christentums, sondern vielmehr neue Bedenken, denn kein Geringerer als Paulus bezeugt, daß das Volk der Juden, das unter dem Gesetz lebte und gläubig den Messias erwartete, sich in Ansehung der Tugend durchaus nicht von den Heiden unterschieden hat. Wie wäre aber dies zu begreifen, wenn denen, die an den Erlöser glauben, dieser Glaube zur Gerechtigkeit verhülfe, so daß sie nun, in der Gnade erneuert und von übernatürlichen Neigungen beseelt, ungleich leichter und vollkommener ihrer Pflicht nachzukommen imstande wären?

Und so scheint denn wirklich auch der Hinweis auf die Juden mehr geeignet, der der Meinung Pascals entgegengesetzten Ansicht zur Stütze zu dienen.

21. Das achte Argument entnimmt Pascal den Prophetien. Es ist das, wovon er glaubt, daß es das größte Gewicht habe. Es hat also eine besondere Bedeutung, zu zeigen, wieviel ihm an wahrer Beweiskraft fehle. Gott ist die Zukunft nicht minder offenbar als die Vergangenheit. Hiernach scheint zu erwarten, daß er die eine wie die andere mit derselben Klarheit anzeigen werde, wenn er sie überhaupt in übernatürlicher Offenbarung kundzutun für gut findet, und dies ganz besonders, wenn das Eintreffen des vorhergesagten Ereignisses als Beweis dafür gelten soll, daß wirklich die Offenbarung von Gott kommt. Auch dafür müßte wohl Sorge getragen sein, daß jene natürlichen Kenntnisse nicht mangeln, welche zur Deutung unentbehrlich sind.

Von alledem ist das Gegenteil nachweisbar. Die Berichte über Vergangenes haben in der Bibel einen ganz anderen Charakter als die Vorhersagungen. Vielfach bringt die Bildlichkeit des Ausdrucks Unklarheit mit sich. Auch soll dieselbe Prophezeiung oft zugleich auf mehrere weit auseinander liegende Ereignisse gehen, von denen das eine zum andern in einer gewissen symbolischen Beziehung stehe. So auf Ereignisse der alttestamentlichen Zeit und andere, die Christus angingen, und wieder auf solches, was seine erste Ankunft, und solches, was seine zweite Ankunft betreffe. Dabei aber soll einzelnes von dem, was berichtet wird, ausschließlich auf das eine und anderes auf das andere Ereignis Bezug haben, ohne daß dies in irgendeiner Weise angezeigt ist. Wäre dies nicht wie darauf angelegt, das sichere Verständnis zu erschweren, ja unmöglich zu machen?

Dazu kommt noch, daß die prophetischen Stellen in Reden, die im übrigen keinen prophetischen Charakter haben, eingestreut sind.

Einmal soll bei Daniel (9, 24—27) die Zeit, wann der Messias kommen werde, zahlenmäßig bestimmt sein. Es geschieht dies aber in einer ausgesucht ungeeigneten Weise. Er spricht von Jahrwochen und wählt so einen Ausdruck, der gar nicht üblich ist. Nahe lag es wohl, darunter eine Zeit von sieben Jahren zu verstehen, dennoch vermuteten manche, es sei damit ein Kreis von zehn Jahren gemeint, ja, andere dachten an noch größere Zahlen, um die ganze Prophezeiung auf die Zeit der zweiten Ankunft Christi zu deuten. Die Prophezeiungen wollten nämlich, wie immer man zählte, auf die Zeit der Geburt Christi nicht recht passen. Und doch hatte man, um dies zu erreichen, noch besondere, freilich sehr verwunderliche Mittel. Man ist nämlich gar nicht sicher, von welchem Zeitpunkt aus die Jahrwochen zu zählen sind. Pascal hält zwar das Übel für gering, weil man um nicht mehr als 200 Jahre in Unsicherheit sei; allein wenn man bedenkt, daß 7 in 200 ungefähr 29 mal enthalten ist, ergibt sich das Gegenteil. Jesus sagt einmal, wer ein Licht anzünde, stelle es so, daß es leuchtend auch wirklich erhelle. Ist nun die Prophetie ein von

Gott angezündetes Licht, so wird auch er sie so gestellt haben, daß sie wirklich Aufklärung geben kann und dies, da er allweise und allmächtig ist, in der vollkommensten Weise.

Noch schlimmer steht es mit anderen auf die Zeit der Ankunft Christi bezüglichen Prophezeiungen. Das Zepter soll (nach Gen. 49, 10) nicht von Juda genommen werden, bis der Messias erscheint, aber Herodes, der zur Zeit von Christi Geburt über das Volk die Herrschaft führte, war nicht aus dem Stamme Juda und ebensowenig der römische Kaiser, von welchem er abhängig war. Und vorher schon war die Herrschaft auf die Makkabäer übergegangen, die nicht dem Stamme Juda, sondern dem Stamme Levi angehörten.

Wie undeutlich die Prophezeiungen von der zweiten Ankunft Christi sind, erkennt man daraus, daß die ersten Christen glaubten, sie würden sie selbst erleben. Pascal sagt, die Zeit der zweiten Ankunft sei im Unterschied von der ersten gar nicht geweissagt worden, allein er hätte besser gesagt, sie sei in einer ganz irreführenden Weise angegeben, wenn es in der Apokalypse heißt „Ich komme bald", und Jesus in den Evangelien sagt: „In einer kleinen Weile werdet ihr mich wieder sehen". Denn seit seinem Tode ist schon bis zum heutigen Tag mehr Zeit verflossen, als zwischen Moses und ihm verflossen war, und von allen, zu denen er damals sprach, hat kein einziger hier verharrt, um ihn zu erwarten. Sagt man, bei Gott sei jede Zeit kurz und 1000 Jahre wie ein Tag, so macht man die Bestimmung gänzlich nichtssagend, und es scheint dies einer Offenbarung nicht würdig.

In wie mannigfacher Weise geistvolle Männer unter solchen Umständen die in der Schrift enthaltenen Prophetien mit den Tatsachen in eine Art scheinbaren Einklangs bringen konnten, zeigt ein Blick auf die Auslegungen, die Bossuet, Newton u. a. der Apokalypse gegeben haben. Sogar die Zahl des apokalyptischen Tieres 666 hat Bossuet unter Benützung der römischen Ziffern in dem Namen Diocles Augustus herausgefunden, während sie andere an die griechische Zahlenschrift sich haltend erklärten. So muß man denn auch bei den Pharisäern kaum einen bösen Willen annehmen, wenn sie die Prophetien, die auf den Messias gingen, in Jesus nicht verwirklicht sehen wollten.

Auch das ist bezeichnend, daß sogar ein P a u l u s in falschen Lesarten ebenso treffende prophetische Beziehungen entdeckt zu haben glaubte, wie andere in echten.

Pascal will da, wo den Juden drohend in Aussicht gestellt wird, daß, wenn sie sich nicht besserten, Gott sie verwerfen und statt mit ihnen mit den Heiden einen Bund eingehen werde, eine Weissagung finden, wovor ihn ein Blick auf die Absicht, die Gott in ähnlicher Weise Moses ausspricht und von der er sich seltsam genug durch diesen zurückbringen läßt, hätte schützen können.

Es hat nichts Verwunderliches, daß in den Büchern der Juden Vorhersagungen vorkommen. Die Menschen haben eine Neigung, Voraussagungen zu machen und in Umlauf zu setzen, namentlich in aufgeregten Zeiten, und mit einer gewissen Freiheit sie deutend sind sie geschickt genug, sie mit einigem Schein als durch die Tatsachen bewährt hinzustellen. Bei den Juden gab es Propheten, die einander widersprachen. Je nachdem was eintrat, wurden dann die einen wahre, die andern falsche und Lügenpropheten genannt.

Daß es den durch natürliche Kraft weiter blickenden Geistern manchmal gelingt, Bedeutendes vorauszusehen, was erst nach hundert Jahren eintreten mag, dafür liefert L e i b n i z' Voraussage der großen Revolution ein Beispiel. Unschwer ließ es sich für begabte, religiös gestimmte Männer erkennen, daß der ipsissimistische Stolz, der die Juden sich als das allein gottgeliebte Volk betrachten ließ, irrig sei, und daß, wenn es ihnen wirklich gegeben war, durch einen reinen Monotheismus etwas vor anderen Völkern vorauszuhaben, dies Gut ihnen doch nur verliehen sei, um einmal alle anderen Völker daran teilnehmen zu lassen und ihren Götzendienst und ihre absurden Mythen zu verdrängen. Dabei mochte ihnen eine gewisse weltumfassende Hierarchie nach Art der von Moses im kleinen geordneten vorschweben, und auch, daß dieses durch die Kraft eines großen Mannes werde ausgeführt werden, eines Propheten, der dann auch ähnlichen Widerspruch und ähn-

liche Verfolgung, wie sie selbst sie zu erleiden hatten,
vom israelitischen Volke erfahren werde. Sie kannten ja
den fanatischen Ipsissimismus des Volkes und konnten
voraussehen, wie ungern es in den Gedanken willigen
werde, nichts mehr vor den andern Völkern vorauszuhaben, und sie kannten auch seine Begierde nach diesseitigen Gütern genügend, um vorauszusehen, wie wenig
willkommen ihm die Eröffnung sein werde, daß es nicht
zu einer Weltherrschaft im niederen Sinn, sondern nur
durch geistliche Belehrung und Erneuerung der ganzen
Menschheit berufen sei.

Von Einzelheiten, wie dem Reiten auf einem Esel, dem
Loswerfen über die Kleider u. dgl., liegt es so nahe an-
zunehmen, daß es von Lesern des Alten Testaments in
das Evangelium hineingetragen worden sei, daß es ver-
wundert, wie nicht schon Pascal auf diesen heute jedem
geläufigen Gedanken gekommen ist. Hat es doch auch
den Anschein, daß die Erzählung der Geburt aus der
Jungfrau mit dem Mißverstehen einer Stelle bei Jesaias
zusammenhängt, und daß ähnlich die Sage von der
Flucht nach Ägypten und die märchenhafte, phantasti-
sche Erzählung von den königlichen Magiern, die zur
Krippe kommen und Gold und Weihrauch spenden, und
dem Bethlehemitischen Kindermorde mit gewissen Stellen
zusammenhing, die ganz anders zu deuten sind. So ist
natürlich auch auf den Einklang des Alten und Neuen
Testaments in Rücksicht auf die Geburt in Bethlehem
keinerlei Gewicht zu legen.

Es mag wundersam erscheinen, wenn Jesus den großen
Erfolg und die Ausbreitung seiner Lehre über die ganze
Erde mit solcher Bestimmtheit vorauszusagen wagt;
allein unbegreiflich erscheint es nicht, selbst ohne eine
ihm übernatürlich gewordene Offenbarung, als Folge
der Überzeugung von der Wahrheit seiner Lehre und
dem alsbald fühlbaren Segen, den sie in sich trage. Aber
wenn diese ihn auch noch dazu führte, vorauszusagen,
die Welt werde durch sie in der Art sittlich umgewandelt
werden, daß Löwe und Lamm friedlich nebeneinander
ruhten, so sehen wir diese Verheißung leider nicht erfüllt, obwohl auch in ihr Propheten des alten Bundes
ihm vorausgegangen waren. Auch ist hinsichtlich der

Ausbreitung selbst das, was geschehen ist, weit hinter
seiner Verheißung zurückgeblieben. Wenn die katholische Kirche seine Gründung ist, so überschattet der
von ihm gepflanzte Baum heute, nach 2000 Jahren, fast
nicht mehr als den zehnten Teil der Menschen, und
diejenigen, welche vor allen als Träger der Bildung erscheinen, haben zwar früher einmal äußerlich und innerlich sich zu dem katholischen Glauben bekannt, heute
aber haben sie ihn fast durchweg wieder aufgegeben.

Auch noch eine andere von ihm gemachte Weissagung
ist unerfüllt geblieben, wie jeder zugestehen muß, der
an die evangelischen Berichte von seinen gehäuften
außerordentlichen Wundertaten glaubt. Läßt ihn doch
dasselbe Evangelium sagen, daß seine Jünger nach ihm
noch größere Wundertaten als er selbst wirken würden.
Dies war offenbar nicht der Fall, und schon Augustinus
beschäftigt sich mit der Frage, warum solche Wunder,
wie Christus sie gewirkt, nicht mehr vorkämen. Er
sucht es daraus begreiflich zu machen, daß sie nach den
Triumphen, die das Christentum schon gefeiert, nicht
mehr nötig seien, übersieht aber dabei, daß sie jedenfalls
nötig blieben, um die Worte Christi, welche sie voraus-
gesagt, zu bewähren.

Als besonders überzeugend hebt Pascal an den messia-
nischen Weissagungen hervor, daß sie in fortlaufender
Reihe von v e r s c h i e d e n e n Propheten ausgesprochen
worden seien. Das mache sie noch viel wunderbarer,
als wenn sie alle von einem und demselben Mann
stammten. Allein dies würde doch nur in dem Falle
gelten, wenn jeder ganz unabhängig vom andern seine
Voraussagungen gemacht hätte und eine mit der andern
im vollen Einklang gewesen wäre. Das erste wenigstens
ist nun sichtlich nicht der Fall. Wenn M o s e s gesagt
hatte einen Propheten, wie ich bin, wird euch der Herr
erwecken", so kannten alle späteren diese Verkündigung
und waren im Glauben an sie erwachsen, und er konnte
der Keim werden, der sich in besonderen Vorstellungen,
die man sich über den zu erwartenden Propheten machte,
mehr und mehr entfaltete. Die volle Übereinstimmung
ist aber nur dann zu behaupten, wenn man, wie es auch
Pascal als notwendig anerkennt, vieles im bildlichen

Sinne nimmt und so dem Nächstliegenden entfremdet. Gerade daß Stellen, welche von sinnlichen Gütern und irdischer Herrlichkeit sprechen, im eigentlichen Sinne gedeutet mit andern in Widerspruch führen, soll ein Recht geben, die ersten bloß figürlich zu nehmen. Unter solchen Bedingungen hat der Umstand, daß man es nicht mit einem einzigen Propheten, sondern mit einer langen Reihe von ihnen zu tun hat, schwerlich mehr eine nennenswerte Bedeutung. Auch haben sich ja, wie schon erwähnt, noch andere prophetisch geäußert, und was war der Grund, warum die einen, nicht aber die andern kanonisiert wurden? Die priesterliche und hohepriesterliche Autorität hat dabei gewaltet, ähnlich wie die bischöfliche und päpstliche bei der Feststellung der Bücher des Neuen Testaments, und diese machte gewiß teils die Übereinstimmung oder den Widerspruch mit dem, was dann wirklich geschehen war, teils auch die Harmonie mit den schon früher kanonisierten Schriften maßgebend, wobei freilich ein gewisses Dunkel über die Weise, wie es in Harmonie gebracht werden sollte, nicht ebenso wie die offenbare und unleugbare Disharmonie schon gegen die Aufnahme entschied. Wenn aber gewisse schon aufgenommene Bücher sich in dem, was sie verhießen, mit dem, was dann eintrat, nicht recht im Einklang zeigten, mußte man eben auch diese Widersprüche dulden und konnte die schon als kanonisch anerkannten Schriften nicht mehr degradieren. Die Sadduzäer freilich wollten nur den Pentateuch gelten lassen, aber sie waren in der Minorität. Selbst als das Zepter längst von Juda genommen war, ohne daß der unter ihm zu erwartende Messias sich gezeigt hatte, blieb die Stelle, welche dies ausschließt, in Kraft und Ansehen. War doch auch die prophetische Schilderung des gelobten Landes, soweit sie in dem Namen selbst sich ausspricht, durch all das Elend, das wieder und wieder infolge der politisch gefährdeten Lage Palästinas eintrat, längst als unwahr erwiesen.

22. Aber auch noch andere Erwägungen lassen, was Pascal aus den Prophetien erschließen will, als zweifelhaft erscheinen. In welcher Weise wären wohl die Prophezeiungen, wenn sie wirklich von Gott stammten,

zu begreifen? Könnte es Gott nicht, wie er es zu
anderen Halluzinationen kommen läßt, ohne übernatürlichen Eingriff auch zu solchen kommen lassen, die Zu-
künftiges richtig darstellen, und wobei zugleich ein Drang
gefühlt wird, ihnen unmittelbar zu vertrauen? Es scheint
glaubhaft dargetan, daß einzelne Personen in solcher
Weise ihren Todestag mit Gewißheit voraussahen und
auch manches, was andere betraf, angeben konnten.
Ich weiß solches auf das bestimmteste von einem mir
befreundeten Guardian des Aschaffenburger Kapuziner-
klosters, P. B o r g i a s , den ich noch wenige Stunden vor
seinem Tode besucht habe, und von dem auch J a n s s e n [6])
wahrheitsgetreu berichtet, und aufs beste bezeugt ist
auch die Offenbarung, die einem Eremiten Petrus in bezug auf B o c c a c c i o [7]) geworden ist, welche diesen so
erschüttert hat, daß sie ihn zur vollständigen Änderung
seines Lebens führte. Auch das Dämonium des Sokrates
gehört hierher. Könnte nun nicht Gott für gut befunden
haben, solche Halluzinationen in gehäuftem Maße bei
Jesus und solchen, die ihm als Vorläufer dienten, eintreten
zu lassen? Wir brauchen nicht daran zu glauben, daß
Jesus der Fleisch gewordene Gottessohn gewesen, und
die Kirche, die ihn als ihren Stifter feiert, unfehlbar
und bis zum Ende des Menschengeschlechts beständig
sei, um in seinem Auftreten und in seinem Werke etwas
von so gewaltiger historischer Bedeutung zu erkennen,
daß es würdig war, auch durch solche außerordentliche
Fügungen unterstützt zu werden. Wenn dies dann auch
viele dazu führte, in Jesus und seiner Kirche noch
Größeres erblicken zu wollen, so fehlt doch gar viel
daran, daß man deswegen Gott als Lügner bezeichnen
dürfte. Er läßt bei den Menschen erfahrungsgemäß gar
viele Täuschungen zu, und nichts kann uns abhalten,
zuzugeben, daß er die Ereignisse herbeiführe, die sie
veranlassen. Warum also sollten wir nicht auch hier
an solche Zulassungen glauben können?

23. So fehlt denn gar vieles daran, daß Pascal bei
seinem Hinweis auf die Prophetien zu einem wahrhaft

---

[6]) J a n s s e n , Zeit- und Lebensbilder (Herder). VI. S. 241 ff.
[7]) Vgl. K ö r t i n g. Boccaccio (Leipzig 1880) S. 265 ff.

durchschlagenden Argument gelangt wäre. Ja man wird
aus einigem, was wir berührt, geradezu ersehen, wie
bei entgegengesetzter Tendenz sein Scharfsinn auch hier
wieder, nur neue Gründe gegen die Berechtigung der
kirchlichen Ansprüche hätte finden können. Wenn ihm
nun doch die Prophetien als das bedeutendste unter alledem, was zugunsten der Ansprüche der Kirche angeführt
werden kann, gelten, so kann uns dies in bezug auf
die Beweiskraft aller kein günstiges Vorurteil erwecken.
Freilich hat er sich nie soweit blenden lassen, daß er
die Wahrheit der christlichen Religion für gesichert
erklärte. Unsicher, wie sie ist, soll sie es aber doch
in Rücksicht auf Hoffnungen und Befürchtungen, die
sich an Glauben und Unglauben knüpfen sollen, als
rätlich erscheinen lassen, sich ihr anzuschließen.

24. Als neuntes Argument weist Pascal auf das hin,
was er die perpétuité, den allzeitigen Bestand
der Religion, nennt.

Er will es daraus entnehmen, daß die Religion der
Juden und der aus ihnen hervorgegangenen Christen im
Unterschied von allen anderen Religionen einen immer-
während Bestand vom Anfang der Menschheit an bis
auf uns gehabt habe. Ein solcher Bestand bei Fest-
haltung derselben Lehre, wenn auch im Stadium geringerer und höherer Entwicklung, wäre etwas, wenn
nicht streng Beweisendes, doch sehr Empfehlendes. Eine
wahre Lehre erhält sich leichter als eine irrige, und wenn
die Lehre auf positiver Offenbarung beruht, so scheint
es plausibel, daß schon die Stammeltern einer solchen
gewürdigt worden seien. Allein wie steht es mit dem
Nachweis eines solchen durchgängigen Bestandes? Pascal, indem er ihn erbringen will, stützt sich auf das
Zeugnis der heiligen Bücher dieser Religion selbst, und
so scheint der Beweis zum Zirkelbeweis zu werden.
Und wenn schon dies vom Übel ist, so noch viel mehr,
wenn man findet, daß die Geschichte der Menschheit bis
auf Jesus nach diesen heiligen Büchern nur 4000 Jahre
umfassen würde, während für den Bestand der Menschheit nicht bloß, sondern sogar einer relativ hohen Kultur
schon mehr als 20 000 Jahre vor ihm heutzutage durch
die verläßlichsten Zeichen erwiesen sind. Schon aus

diesem Grunde ist darum Pascals Beweis für den immer-
während en Bestand schlagend widerlegt.

Was aber das andere noch wichtigere darin begriffene
Moment anlangt, nämlich, daß die Dogmen dieser Religion, wenn auch mehrfach zu größerer Entwicklung gelangt, doch niemals alteriert worden seien, so werden
auch dagegen Einwände erhoben werden müssen. Gewiß zeigt die katholische Lehre eine relativ größere Beständigkeit als die der verschiedenen protestantischen
Sekten, aber auch ihr, wie sie in Rom verkündet wird,
wird von der griechischen Kirche der Vorwurf gemacht,
daß sie die Dogmen alteriert habe, und die Juden behaupten, daß auch schon die von den Griechen vertretene
christliche Lehre eine Alteration der alten jüdischen
Offenbarung darstelle. Auch Kaiser J u l i a n behauptete
es und warf den Christen vor, daß sie sich gegen das
ausdrücklichste Verbot Mosis im Deuteronomium ver-
gingen, wenn sie gewisse Bestimmungen des Moses,
wie z. B. die über die unreinen Tiere, außer Kraft setzten.
Die Behauptung Pascals von dem durchgängigen Bestand
ist also auch in dieser Beziehung eine vielseitig be-
strittene. Der Parteien sind viele, die in dogmatischem
Gegensatz stehen; höchstens für eine könnte die Behauptung wahr sein, und Pascal bezeichnet als solche die der
Katholiken. Allein, indem er für die J a n s e n i s t e n und
für die Leugnung der Infallibilität durch die G a l l i k a n e r
Partei nahm und die Jesuitenmoral, die bis heute in der
Kirche geduldet wird, für eine Alteration und Korruption der kirchlichen Moral älterer Zeit erklärte, hat er
selbst auch für die katholische Kirche, ohne daß er es
wollte, behauptet, daß sie nicht inalteriert geblieben sei.
Auch kann man nicht wohl in Abrede stellen, daß,
wenn die Paulinische Lehre von der Rechtfertigung
durch den Glauben in dem Brief des Jakobus Miß-
billigung findet und dessen energische Verwerfung der
Erlaubtheit des Eidschwurs später allgemein annulliert
wird; wenn nach dem Zeugnis der Apostelgeschichte
in der ersten Zeit an das Gebot der Nächstenliebe wie
sich selbst eine Folgerung zugunsten des Kommunismus
geknüpft wird, von der die Kirche später gänzlich zu-
rückkommt; ja, wenn nach P e t a v i u s Zeugnis vordem

die Mehrheit der Kirchenväter für die arianische Auffassung der Trinitätslehre war; wenn die hervorragendsten Kirchenväter, wie z. B. B a s i l i u s d e r G r o ß e und
G r e g o r v. N a z i a n z , wie es noch heute die griechische
Kirche tut, eine Wiederverheiratung nach Auflösung
der Ehe unter Umständen für berechtigt hielten und
auch der römische Papst sie gestattete, während Rom sie
heute als von Christus selbst für unerlaubt erklärt zu
glauben befiehlt; wenn zur Zeit des Konzils von Florenz
die abendländische Kirche glaubte, daß die Fegefeuer-
seelen von einem Feuer im eigentlichen Sinn leiden,
während man jetzt die damals von der römischen Kirche
für irrig gehaltene Lehre der Griechen, daß der Sinn ein
figürlicher sei, auch im Abendland gemeiniglich für
richtig hält; wenn auf dem Viennense eine der christlichen Tradition ganz fremde, aus Aristoteles entnom-
mene Bestimmung über die Seele, welche älteren Kir-
chenvätern teils fremd, teils verdammlich erschienen
war, zum Dogma erhoben wird[8]); wiederum wenn alles
Zinsnehmen als Wucher verdammt, später aber doch
allgemein geduldet wird, und wieder, wenn man G a -
l i l e i die Kopernikanische Lehre als dem Glauben widersprechend abschwören ließ, während man sie jetzt als
völlig mit ihm vereinbar gelten läßt; endlich, wenn von
den zu Konstanz versammelten Vertretern der ganzen
Kirche die Superiorität des Konzils über den Papst gelehrt und dessen Infallibilität geleugnet wird, während
später auf dem Vatikanum die entgegengesetzte Lehre
zur Dogmatisation gelangt[9]): — ich sage, wenn man alle

---

[8]) Nach Aristoteles ist die Seele die Wesensform (Entelechie) des
lebendigen Leibes. Das Dogma besagt: anima unitur cum corpore
non accidentaliter, sed est c o r p o r i s f o r m a vere, per se, essen-
tialiter. (A. d. H.)

[9]) Als einst Gregor der Große von einem Bischof brieflich als
episcopus episcoporum angeredet worden war, hatte er diese Bezeichnung als der Würde und den Rechten seiner Mitbischöfe abträglich zurückgewiesen. Wie soll man da einen Wandel der Lehre
über die päpstliche Gewalt in Abrede stellen können, wenn heute
die Päpste selbst sich diesen Titel ganz allgemein ohne jedes Bedenken
beizulegen wagen? — Im Mittelalter galt es für alle als ausgemacht, daß
ein Papst, wenn er in eine Häresie falle, von der Kirche abgesetzt werden könne. Selbst Innozenz III. und Bonifaz VIII. geben dem Zeugnis.
Und wenn man hierzu bemerkt, dies beweise zwar, daß man da-

diese klar vorliegenden Tatsachen ins Auge faßt, so wird
man, weit entfernt, eine Variation der Lehre für durch-

---

mals geglaubt habe, der Papst könne in Glaubenssachen auf Abwege kommen, nicht aber, er könne fehlen, wenn er ex cathedra eine
Entscheidung gebe, so ist hiermit die Sache nicht abgetan, solange
man nicht auch angibt, in welcher Weise es zu einer Absetzung
des häretisch gewordenen Papstes durch die Kirche hätte kommen
können, wenn von einem Urteil der Kirche nur dann zu sprechen
ist, falls der Papst ihm beistimmt. Um sich hier aus der Verlegenheit zu helfen, lehrten manche, der Papst habe, indem er
häretisch geworden, ipso facto schon seine päpstliche Würde verloren.
Allein dadurch taten sie offenbar nicht nur dem Sinn des Wortes
„Absetzung" Gewalt an, sondern verfielen auch in einen der Irr-
tümer, um derentwillen Huß verdammt wurde. Hört ein Papst,
sobald er Häretiker geworden ist, ipso facto auf, Papst zu sein, wer
kann dann je sicher sein, ob dem, der regiert, wirklich die päpstliche Gewalt noch wahrhaft zukomme und darum auch seine noch so
feierlich gemachten Aussprüche als wahre infallible Entscheidungen
ex cathedra anzusehen seien?

So bietet sich denn hier keine Möglichkeit einer Ausflucht. Oder
sollte sie einer in der Art versuchen wollen, daß er sagte, ein
Papst, der in eine Häresie verfallen, könne zwar nicht während
seines Lebens, wohl aber nach seinem Tode von der Kirche für
abgesetzt und ausgestoßen erklärt werden, wie dies ja wirklich einmal
geschah, als Papst Honorius von einem ökumenischen Konzil als
Monothelet verdammt und die Verdammung vom römischen Stuhl
selbst bestätigt wurde? Das wäre eine noch groteskere Weise,
das Wort „Absetzung" zu deuten. Und niemand ist je darauf
verfallen. Die Verdammung des H o n o r i u s bietet aber noch einen
neuen Beleg für den Wechsel, der durch das Dogma der Infallibilität ex cathedra in die Glaubenslehre eingeführt worden ist.
Denn der Ausspruch, um deswillen die Verdammung erfolgte, war
vom Papst nicht als Privatperson getan, sondern die autoritative Entscheidung einer von dem Erzbischof von Konstantinopel im Interesse der ganzen Kirche an ihn gerichteten Frage, verbunden mit
den bestimmtesten Verfügungen, wie man sich in Zukunft in Ansehung der monotheletischen Zwistigkeiten zu verhalten habe. Gewisse Arten sich auszudrücken werden unter Beifügung einer dogmatischen Begründung für unzulässig erklärt und verboten. Kann einer
daraufhin hier noch etwas vermissen, was die sogenannten Aussprüche
ex cathedra auszeichnen soll, wie etwa, daß der Papst hier Glaubens-
entscheidungen nur für die orientalische Kirche, nicht aber ebenso
für die okzidentalische Kirche gegeben habe, was dem Charakter der
Katholizität zuwider liefe? Oder daß er nicht geradezu sein Wort
als ex cathedra gesprochen bezeichnet und so sich nicht einer Redeweise bedient hat, welche damals noch nie angewandt worden
war und darum für alle unverständlich gewesen wäre? So bliebe
denn nichts übrig, als zu sagen, der Papst sei mit Unrecht von dem
Konzil verurteilt worden. Seine Lehre sei vielmehr von aller Häresie
frei. Auch dies wurde behauptet. Allein umsonst. Vor allem beweist

wegs ausgeschlossen zu behaupten, sie vielmehr als
klar erwiesen bekennen. Und dieser klare Beweis, wenn

ja die Verdammung des Honorius wegen einer Häresie, die er in
förmlichster und feierlichster Weise als maßgebend für die Kirche
ausgesprochen hatte, daß die Kirche damals nicht des Glaubens
war, daß ein solcher Ausspruch schon an sich schlechterdings in-
fallibel sei. Dann aber können nur die verkennen, daß Honorius wirklich die monotheletische Lehre teilte und, wie auch das Konzil in dem
von einem späteren Papst bestätigten Verdammungsurteil sagt, mit
Sergius ganz eines Sinnes war, welche sich über die wahre Be-
deufung der monotheletischen Lehre eine falsche Meinung gebildet
haben. Die Monotheleten leugneten nämlich keineswegs, daß Jesus
außer der göttlichen Natur auch eine vollständige menschliche Natur
und also auch das zu dieser gehörige menschliche Willensvermögen
gehabt habe, wohl aber bestritten sie, daß er mit seinem menschlichen Wollen zu seinem göttlichen Wollen sich hätte in Widerspruch setzen können. Die Vereinigung der beiden Naturen, der göttlichen und menschlichen, und der beiden Willen, des göttlichen
und menschlichen, in einer Person sollte diese l o g i s c h e N o t ·
w e n d i g k e i t, daß das eine Wollen mit dem anderen einig sei, mit
sich bringen. Eine Disharmonie zwischen beiden wäre den Monotheleten also nicht etwa bloß als eine unteleologische Zulassung, sondern
geradezu als kontradiktorisch ausgeschlossen erschienen. Ganz deutlich zeigen nun die Worte des Honorius, wenn er verbietet, sowohl
von einem als von mehreren Willen in Christus zu sprechen, daß er
zu dieser logisch notwendigen Übereinstimmung alles Wollens in
Christus sich bekannte. Die Kirche aber glaubte, diese Lehre würde
das menschliche Wollen Christi nicht mehr als verdienstlich erscheinen lassen. So liegt uns denn hier nicht bloß ein Zeugnis dafür
vor, daß ihr damals die Lehre von der Infallibilität des Papstes fremd
war, sondern auch ein tatsächlicher Verstoß einer in förmlichster
Weise gegebenen autoritativen päpstlichen Entscheidung gegen ein
Dogma. Wenn man hier einen Wechsel des kirchlichen Glaubens
durch die Einführung der Infallibilitätslehre leugnen will, so läuft man
Gefahr, sie noch eines anderen Wechsels der Lehre schuldig zu erweisen, indem man sie den Monotheletismus in dem Sinn, in welchem
sie ihn einst als häretisch verdammte, heute als orthodox betrachten
läßt. — Wer auf die Machtfülle blickt, welche das vatikanische Konzil
dem Papste zuerkannt hat, der kann nicht nur nicht bezweifeln, daß
sich der Papst jetzt mit Recht Bischof der Bischöfe nenne, sondern
auch nicht, daß er, ähnlich wie Ludwig XIV. sagte: l'état c'est
moi, von sich sagen könnte: die Kirche, die bin ich. Wie seltsam
muß es aber dann berühren, wenn man das berühmte Werk des
Augustinus „de civitate Dei“ vergleicht und in dem ganzen Werke,
welches unter dem Namen des Gottesstaates von der Kirche handelt,
nicht ein einzigesmal des Papstes Erwähnung getan findet! So
hat denn auch derselbe große Kirchenfürst, wo er einmal das Verhalten des heiligen C y p r i a n berührt, seines Vorgängers auf dem
Bischofstuhle von Karthago, der mit dem Papste in einen dogmatischen Streit geraten samt den übrigen afrikanischen Bischöfen

er auch nur für einzelne Punkte zugestanden werden
muß, wird dann ungleich kräftiger g e g e n die Wahrheit
der Religion sprechen, als die nachgewiesene Konstanz
es für sie getan hätte; denn diese Beständigkeit könnte
genau besehen auch einem Irrtum, jene Variation aber
unmöglich der offenbarten Wahrheit zukommen.

So ließe sich denn auch hier Pascals Argument in sein
Gegenteil verkehren.

25. Als z e h n t e s Argument macht Pascal geltend, daß
die Religion imstande sei, v o n d e m Z u s t a n d, i n d e m
w i r d e n M e n s c h e n f i n d e n, R e c h e n s c h a f t z u
g e b e n. Wir haben schon gesehen, daß er diesen als
einen höchst rätselhaften betrachtet, wegen der inneren
Gegensätze von erhabenen Anlagen und widrigen Begierden, von einem Verlangen nach Aufklärung und einer
Unmöglichkeit sie zu gewinnen. Für dieses Rätsel soll
nun die Kirche in ihrer Lehre von der E r b s ü n d e die
Lösung geben, und das soll um so mehr von Gewicht
sein, als keiner eine andere Lösung und kein mensch-
liches Nachdenken auch nur diese, die sich als allein
zureichend erweise, gefunden habe.

Doch wenn irgendwo, so muß man hier über die Argu-
mentationsweise Pascals staunen. Indem er nämlich sagt,
daß ohne Annahme der Erbsünde der Zustand des Menschen ein unlösliches Rätsel wäre, bezeichnet er zugleich
die Erbsünde selbst als etwas, was vor allem unbegreiflich und absurd erscheint. Dadurch also, daß wir uns zu
einer Absurdität bekennen, größer als die keine gedacht
werden kann, sollen wir zur Erklärung von etwas sonst
für uns Unverständlichem gelangen. Er scheint hier ganz
zu vergessen, daß eine absurde Hypothese in keinem
Fall zur Erklärung einer Tatsache zuzulassen ist. Er
setzt an Stelle von Dunkelheit Absurdität. In jene mag
unser Verstand sich ergeben, gegen diese aber muß er
sich, wenn er sich nicht selbst aufgeben will, empören.
Auch ist hier nochmals daran zu erinnern, daß die Lehre
der katholischen Kirche selbst über die Erbsünde und
ihre Folgen mit den Vorstellungen, die sich Pascal darüber sowie über die angebliche Unvereinbarkeit des

---

nicht im geringsten durch die päpstliche Autorität sich von seiner
Meinung abbringen lassen wollte, für ihn kein Wort des Tadels.

Zustands des gegenwärtigen Menschen mit der Güte Gottes ohne Annahme der Erbsünde gebildet hat, im Widerspruch steht.

So fällt denn auch dieses Argument[10]). Es bleibt höchstens etwas von dem übrig, was Pascal über die haarsträubende Ungereimtheit der Erbsündenlehre gesagt hat, und das kann nur etwa gegen die Religion verwendet werden.

26. Als elftes Argument macht Pascal die Heiligkeit der kirchlichen Lehre geltend.

Wir haben schon gesagt, daß sowohl die Gotteslehre als die Sittenlehre der christlichen Religion in vielfacher Beziehung höchlich zu rühmen ist. Allein, daß sie ganz ohne Mängel sei, kann man weder von der einen noch andern behaupten.

Was die Gotteslehre anlangt, so faßt sie die Unveränderlichkeit Gottes als eine solche auf, welche die Veränderungen in der Welt nicht mehr auf ihn als Ursache zurückführen lassen würde[11]). Auch bekennt sie sich zu einem Zufall im göttlichen Wollen, der, da nach ihr das Wesen Gottes notwendig und mit seinem Wollen identisch ist, zu einem greifbaren Widerspruch führt[12]).

---

[10]) Vgl. dazu das oben S. 40 ff. Gesagte.

[11]) Wenn der allmächtige Wille will, daß etwas sei, so ist es. Da nun nach der Lehre der Kirche die Welt nicht von Ewigkeit besteht, so liegt darin beschlossen, es bestehe auch nicht von Ewigkeit ein allmächtiger Wille, welcher will, daß die Welt sei. Vielmehr muß gesagt werden, daß Gott in ewig infinitesimalem Wechsel den Anfang der Welt zuerst als einen zukünftigen, und bald ferner bald näher zukünftigen, und dann als gegenwärtigen gewollt habe, und daß es dann auch weiter ihm noch gefalle, daß er in der Vergangenheit und zwar jetzt in einer näheren, dann in einer ferneren Vergangenheit stattgefunden habe. Es ist klar, daß durch einen solchen Wechsel der göttliche Wille fern davon ist, mit sich in Widerspruch zu treten, im Gegenteil wird nur infolge dieses Wechsels Gott mit sich selbst in vollem Einklang erscheinen. Allein, daß er denn doch wahrhaft ein Wechsel ist, und daß darum die Ewigkeit Gottes als ein anfangsloser und endloser Verlauf zu fassen ist, ist offenbar. Die Lehrer der Kirche sind aber alle in der entgegengesetzten Behauptung einer völligen Unveränderlichkeit Gottes einig.

[12]) Man erwäge folgenden Syllogismus:

Gottes Wollen ist Gottes Wesen.

Gottes Wesen ist notwendig (d. h. Gottes Wesen könnte nicht anders sein, als es ist).

So schließt sich denn auch bei der Kirche an die Lehre von dem unendlich vollkommenen Gott nicht die von einer bestmöglichen Welt an.

Auf die Absurditäten, die in der T r i n i t ä t s - und I n k a r n a t i o n s l e h r e enthalten sind, und die, indem der Glaube daran gefordert wird, für die Vernunft zur Tortur werden und ihr das Vertrauen auf sich selbst, das doch so berechtigt und unentbehrlich ist, zu nehmen drohen, will ich nur flüchtig hinweisen[13]).

Aber dies eine sei in Rücksicht auf den Optimismus noch bemerkt, daß, wenn eine Kreatur Gott werden und dadurch zu einer vor allen hohen Vollkommenheit gelangen könnte, es mit der Güte Gottes schlecht zu stimmen schiene, wenn er keine der Kreaturen außer einer einzigen jemals zu solcher Würde erhöbe. Genau be-

---

Also ist Gottes Wollen notwendig (d. h. Gottes Wollen könnte nicht anders sein, als es ist).

An der formellen Richtigkeit des Schlusses ist nicht zu zweifeln, und wer die beiden Prämissen anerkennt, aber den Schlußsatz leugnet, macht sich darum einer Kontradiktion schuldig. So denn auch die Kirche, denn sie bekennt sich zu den beiden Prämissen, während sie den Schlußsatz verwirft.

[13]) Für die Trinitätslehre genügt folgender Syllogismus, den darin enthaltenen Widerspruch klarzulegen:

Gottvater ist der Gott.
Der Gott ist Gottsohn.
Also ist Gottvater Gottsohn.

Die Kirche behauptet die beiden Prämissen und leugnet den Schlußsatz.

Wohl hat man die Bündigkeit des Schlußverfahrens bestreiten wollen, indem man sagte, Gottvater sei der Gott in erster Person; aber nicht der Gott in erster Person, sondern der Gott in zweiter Person sei der Sohn, und darum leide der Schluß an einer quaternio terminorum. Allein ich erwidere mit der Frage, ob, was immer mit jener Unterscheidung gemeint sein möge, die Wahrheit der ersten und zweiten Prämisse unanfechtbar bestehen bleibe und Gottvater sowohl als Gottsohn nicht äquivok, sondern im eigentlichen Sinne des individuell einheitlichen Gottesbegriffs des Namens „der Gott" gewürdigt werden. Und da man dies bejaht, so ist auch der Schluß ohne weiteres unanfechtbar. Sein terminus medius ist nicht äquivok, sondern dem Sinne nach ein und derselbe. Was immer man mit jenen Unterscheidungen meinen mag, es kann die Gültigkeit meines Schlusses nicht entkräften und wird selbst als widersinnig bezeichnet werden müssen, wenn es darauf hinausläuft, daß von solchem, was mit ein und demselben real identisch ist, das eine nicht real das andere sei.

sehen wäre dies allerdings insofern bei mehreren eingetreten, als während der drei Tage zwischen dem Tod und
der Auferstehung Christi sowohl die Seele Christi als
sein Leichnam, also ein rein geistiges und ein rein
körperliches Wesen, beide mit der zweiten Person der
Gottheit hypostatisch geeinigt geblieben sein sollen. Und
ebenso wird auch von den bei der Geißelung vergosse-
nen Blutstropfen gelehrt, es sei jedem von ihnen die
hypostatische Union mit dem Sohne Gottes zugekommen.
Doch was soll diese kleine Zahl gegen die unvergleichlich
größere Menge der von diesem Vorzug ausgeschlossenen
Geschöpfe, welche von dem Seraphim herab bis zum
niedrigsten Stäubchen, ohne etwas von ihrer Natur zu
verlieren, alle ebenso dadurch hätten erhöht und an-
betungswürdig gemacht werden können?

Ein gewisser kreatürlicher Pantheismus könnte nicht
mehr als unmöglich bezeichnet werden, und das zu
Gott selbst gewordene Weltall erschiene dann doch jedem
nicht zu solcher Würde erhobenen unvergleichlich vorzuziehen. Vielleicht wird einer das Gesagte sehr befremdlich finden, aber das, was hier anstößig erscheinen
kann, liegt alles schon in dem Gedanken der hypostatischen Union beschlossen, über den sich nur gar wenige
unter den Gläubigen genügend unterrichtet haben, geschweige, daß sie in die Erwägung dessen, was in seiner
Konsequenz liegt, eingegangen wären. Wenn die Heiden
wirklich, wie die Christen es ihnen vorwarfen, aus Stein
gehauene Gestalten als göttlich angebetet hätten, so
erschiene dies infolge der Möglichkeit hypostatischer
Union mit der Gottheit nicht mehr als unmittelbare Absurdität.

Weniger als dieses Paradoxon ist jenes der allgemeinen
Aufmerksamkeit entgangen, das in dem Höllendogma
enthalten ist. Die Disproportion zwischen den guten
Folgen, welche man der Furcht vor der Hölle zuschreibt,
und dem Unheil, das in der Höllenstrafe selbst liegen
würde, ist zu auffällig, als daß sie nicht hätte Anstoß
geben müssen. Ein Gott der Hölle kann für den Menschen nicht von väterlicher Liebe erfüllt sein, und doch
sollen wir glauben, daß er sogar mehr als Vaterliebe für
uns hege. Auch erscheint er nicht mehr als geeignetes

Vorbild für die Weise, wie wir uns gegen Schuldige zu
benehmen haben.

27. Was aber die S i t t e n l e h r e anlangt, so findet man
auch sie keineswegs von Mängeln frei. Wir haben
schon gesagt, daß das Gebot der Nächstenliebe wie sich
selbst vieles im Unklaren läßt. Manche glaubten darin
ausgesprochen, daß man für jeden andern ebenso wie
für sich selbst zu s o r g e n habe und wollten den Sozialis-
mus als Folgerung daraus ableiten, die aber von der
Kirche nicht anerkannt wird. Andererseits ist T h o m a s
v o n A q u i n o in der Freiheit der Deutung, die man sich
so vielfach der Schrift gegenüber erlaubt, sogar so weit
gegangen, zu sagen, daß es eigentlich das Richtige sei,
sich selbst mehr zu lieben und nach seinem eigenen
ewigen Heil mehr zu verlangen als nach dem eines
andern [14]).

Jesus selbst hatte ja auch besonders dazu gemahnt, zu
sorgen, daß man an s e i n e r Seele nicht Schaden leide,
wobei freilich die Verpflichtung zu einem größeren Maß
der Fürsorge mit einer Verpflichtung zu wahrhaft
gleichem Maß der Liebe nicht eigentlich unvereinbar
genannt werden kann.

Wir wollen nicht alles schon früher Gesagte hier
wiederholen. Auch an die vielfachen Übertreibungen, die
ganz unpraktisch sind und statt die richtige Mitte eines
der beiden zu vermeidenden Extreme als das Empfeh-
lenswerteste bezeichnen, will ich nur im allgemeinen

---

[14]) Selbst für die Weise, wie die Heiligen im Himmel sich in
ihrem Lieben und Bevorzugen verhalten, will er aus diesem Prinzip
Folgerungen ziehen. Da von diesen Heiligen, je nach ihren Ver-
diensten, der eine eines größeren, der andere eines geringeren Maßes
von Seligkeit gewürdigt worden ist, so sieht sich T h o m a s v o n
A q u i n o zwar genötigt, zuzugeben, daß der zu geringerer Seligkeit
Erhobene nicht das Los des andern beneide und nicht danach
verlange, daß es vielmehr ihm zuteil geworden sei, würde er sich
doch sonst mit dem Willen Gottes in Widerspruch setzen). Allein
damit, meint Thomas, sei es wohl vereinbar, daß er mehr danach
verlangt, daß er der ihm gewordenen Seligkeit, als daß jener andere
seiner höheren genieße. So scheint denn Th. v. A. das Gebot der
Nächstenliebe wie sich selbst, nicht anders zu behandeln, als wenn
es, in der Form einer rednerischen Hyperbel ausgesprochen, nicht im
wörtlichen Sinne zu nehmen wäre, wie ähnliches ja fast allgemein
von vielen anderen Aussprüchen Jesu angenommen wird.

erinnern. Es ist nun aber sehr begreiflich, daß ein Extrem manchmal ganz besonders Staunen erregt, wie z. B. die rücksichtsloseste Tollkühnheit mehr den Eindruck der Tapferkeit machen kann, als ein Verhalten, das sich innerhalb der Schranken hält, welche die Vorsicht gebietet. Und so mag die christliche Moral häufig gerade wegen solcher Fehler bewundert und im Vergleich zu einer anderen, welche vorschreibt, sich an die richtige Mitte zu halten, als überschwänglich erhaben gepriesen werden. Hat man doch geradezu einmal über A r i s t o - t e l e s spöttelnd bemerkt, daß er in seiner Lehre und in seinem Leben über alles Maß hinaus darauf bedacht gewesen sei, das richtige Maß nicht zu überschreiten. Doch wenn ich nicht auf alle Vorschriften, bei welchen die christliche Moral durch Abweichung von der richtigen Mitte des Verhaltens fehlt, im einzelnen eingehe und weder die Empfehlung der extremen Armut, noch die der extremen geschlechtlichen Enthaltsamkeit, noch die der extremen Unterwürfigkeit unter einen fremden Willen, noch die der extremen Unterlassung rächender Vergeltung und verdammenden Urteils, noch die jeder auch noch so gerechten zornmütigen Aufwallung im besonderen einer Kritik unterziehe, so darf ich es doch nicht unterlassen, von einem ihrer Gebote zu sprechen, bei welchem eine Abweichung von der naturgemäßen Mitte in ganz eigentümlicher Weise zutage tritt. Es ist dies das G e b o t d e s G l a u b e n s , den die Kirche als strenge Pflicht mit Androhung des ewigen Verderbens fordert. „Wer nicht glaubt, der ist schon gerichtet."

Was haben wir nach ihr unter diesem Glauben zu verstehen? Drei Weisen gibt es (so erklären ihre anerkanntesten Lehrer) etwas für wahr zu halten: das Wissen, das Meinen und das Glauben. Ein Wissen ist da vorhanden, wo die Begründung eine vollständige und dementsprechend auch die Überzeugung eine ganz zweifellose ist; ein Meinen dagegen besteht da, wo kein vollkommen entscheidender Beweis vorliegt und statt der vollen Überzeugung nur eine Vermutung, die in ihrer Stärke dem Grad der Wahrscheinlichkeit entspricht, eintritt; das Glauben aber besteht in einem mittleren Verhalten zwischen Wissen und Meinen. Mit dem Meinen

hat es gemein, daß die Begründung durch vollkommenen
Beweis mangelt, mit dem Wissen aber, daß die Überzeugung dennoch eine vollkommene ist, so daß also hier
eine Disproportion zwischen dem Maß der Begründung
und dem Maß der Überzeugung besteht. An dieses dis-
proportionierte Verhalten also werden von der Kirche
in der Lehre von der Glaubenspflicht die höchsten Verheißungen geknüpft und für den, der es nicht übt, die
schrecklichsten Strafen in Aussicht gestellt, und eben
dies soll den Glauben daran als wahre Pflicht erscheinen
lassen, da es gewiß ein frevelhaftes Unterfangen wäre,
auf die Aussicht, so hoher Güter teilhaft zu werden,
zu verzichten und sich der Gefahr eines entsetzlichen und
ewig währenden Zustands von Unseligkeit auszusetzen.

Ist nun die Aufstellung eines solchen Gebotes des
Glaubens wirklich mit der Vernunft im Einklang und
moralisch zu billigen? Wird nicht vielmehr in ihm sogar
Unmögliches von uns gefordert, indem wir mit dem Bewußtsein des Mangels voller Sicherheit die volle Überzeugung von der Wahrheit der Lehre verbinden sollen? —
Manche wie z. B. Pico von Mirandola haben auch
das letztere behauptet, aber der Schein, der zunächst
für sie sprechen mag, schwindet, wenn man bedenkt,
daß wir gar vieles nicht infolge einer Einsicht, sondern
eines instinktiven und gewohnheitsmäßigen Dranges als
wahr annehmen, und daß auch der Wille auf unsere
Überzeugung einen Einfluß hat. Um so mehr könnte also
der Grad unserer Zustimmung jede Proportion zu der
Kraft der vorgelegten Beweise überschreiten, wenn auch
noch ein übernatürlicher Gnadenbeistand, wie er dem
darum Bittenden zuteil werden soll, zu solcher Überzeugung
beitrüge. Auch kann man zu dem Mittel greifen (und
Leibniz hebt dasselbe als sehr wesentlich hervor),
daß man seine Aufmerksamkeit von allem, was uns gegen
die Lehre, der man mit voller Überzeugung anhängen
soll, sprechen würde und zum Zweifel daran bewegen
könnte, abwendet und einseitig nur auf die ihr günstigen
Momente achtet. An der Möglichkeit dessen, was hier
gefordert wird, läßt sich also kaum zweifeln. Ja, sie
reicht hier vielleicht noch weiter, als die großen Lehrer
der Kirche gemeiniglich annehmen, indem sie behaupten,

daß mit dem Nachweis des Widerspruchs in einem Dogma
jede Möglichkeit des Glaubens entfallen würde; denn
auch da noch könnte einer sich einwenden, daß ja doch
schon manchem auch ein nur scheinbarer Widerspruch
unlösbar vorgekommen sei, und daß darum, wie immer
das Dogma mit einem für ihn selbst unlösbaren Widerspruch behaftet erscheine, die Möglichkeit bestehe, daß
der Schein ihn trüge. Wenn er daraufhin an die Größe
der dem Ungläubigen drohenden Gefahren dächte, könnte
er es für geboten halten, sich auch hier für die Sache
des Glaubens zu entscheiden, und indem er alle die von
uns angegebenen Mittel in Anwendung brächte und insbesondere seine Gedanken von dem Nachweis schreien-
den Widerspruchs abkehrte, so stände nichts im Wege,
daß er auch hier den Glauben in seinem Geist zum vollen
Sieg gelangen ließe.

Allein viel bedenklicher scheint die Frage, ob ein solches Verfahren g e b i l l i g t werden könne. Was Pascal
betrifft, so nimmt er keinen Anstand, die Erfüllung der
kirchlichen Forderung gutzuheißen und sich zu ihrer
Rechtfertigung desselben Mittels der Abschätzung der
nachteiligen Folgen, welche im Falle des Irrtums den
Gläubigen und Ungläubigen treffen würden, zu bedienen.
Konsequent wie er ist, geht er dabei sogar so weit, daß
er sagt, der Glaube würde selbst dann noch vor der
Vernunft zu Recht bestehen, wenn die Wahrscheinlich-
keitsgründe, welche für die Wahrheit der Glaubenslehre
sprächen, nicht stärker, ja vielleicht nur annähernd so
stark als diejenigen wären, die dagegen vorliegen. Soviel
aber, daß tatsächlich die Gründe, die für die Wahrheit
des Christentums sprechen, denen, die dagegen sprechen,
wenigstens annähernd an Kraft gleich kämen, müsse
doch von jedem, der sich genügend unterrichtet habe,
zugestanden werden. Und daraufhin empfiehlt er denn
auch, von allen Mitteln, die uns in der von der Vernunft
nicht mit Sicherheit als wahr erwiesenen Überzeugung
zu stärken geeignet sind, Gebrauch zu machen, auch von
denen, welche zu unserer tierischen Natur gehören und
scheut sich nicht zu sagen, il faut s'embêter dans la foi.

Doch es fehlt viel daran, daß seine Argumentation
stichhaltig wäre. Worauf anders läuft die verlangte

Disproportion zwischen dem Maß der Begründung und
dem Maß der Überzeugung hinaus als auf eine Auf-
lehnung gegen das Urteil der Vernunft, die uns doch von
Gott als Führerin zur Wahrheit gegeben ist, über die
richtige Schätzung des Für und Wider? Man könnte
das Verfahren geradezu als einen künstlichen Selbst-
betrug bezeichnen und daran erinnern, daß anderwärts
die Kirche selbst das Widerstreben gegen die erkannte
Wahrheit höchlich verdammt, ja unter den Sünden gegen
den Heiligen Geist, die nie vergeben werden, aufführt.
Es erscheint als schlechterdings Gottes unwürdig, ein
solches Verhalten zu empfehlen, geschweige, es unter
schweren Androhungen von uns zu fordern.

Dies wird besonders deutlich, wenn man fragt, was
denn Gutes aus einer solchen Vergewaltigung der Vernunft entspringen solle. Es ist richtig: wenn eine
überwiegende Wahrscheinlichkeit dafür vorliegt, daß ein
gewisser an mich ergangener dringlicher Befehl vom
Könige ausgehe, so habe ich mich praktisch an ihn zu
halten, ganz so, als wenn seine Echtheit voll erwiesen
wäre. Allein, wenn ich hieran nicht zweifeln darf,
so ist damit keineswegs gesagt, daß ich von der Echtheit des mir zugekommenen Erlasses über das Maß
ihrer Wahrscheinlichkeit hinaus überzeugt sein müsse.
Nur jenes, nicht dieses verlangt die Ehrfurcht vor der
königlichen Majestät und keinerlei nachteilige Folge kann
sich daran knüpfen, vielmehr nur die heilsame, daß ich,
falls der Befehl dann doch nicht wirklich vom Könige
ausgegangen wäre und dies sich nachfolgend durch
irgendwelches Zeichen verriete, nicht, völlig dafür blind
geworden, trotzdem in meinem Irrtum verharrte. So
wird denn auch kein König je so töricht gewesen sein,
in einen Befehl die Bestimmung aufzunehmen, man
solle davon, daß er von ihm ausgegangen, in höherem
Maße überzeugt sein, als es durch die Zeichen, die dafür
sprechen, wahrscheinlich gemacht werde. Ja ein solcher
Zusatz erschiene so töricht und wunderlich, daß man
durch ihn selbst dazu bestimmt werden müßte, den
Erlaß für unzweifelhaft unecht zu halten. Und so hat
denn auch bereits L a p l a c e , den die durch Pascal gegebenen Anregungen zur Wahrscheinlichkeitsrechnung

auch sonst zu ernsten Forschungen auf ihrem Gebiete geführt haben, hier über Pascals Argumentation mit Entschiedenheit den Stab gebrochen. Wenn wirklich vor der Forderung solch disproportionierter Zustimmung der Wahrscheinlichkeitsbruch, der für die Wahrheit des Christentums spräche, dem, welcher gegen sie spräche, nahezu gleich gewesen wäre, so würde, meint Laplace, das Hinzutreten derselben genügen, um ihn sofort auf Null herabsinken zu lassen.

Je mehr man die Sache überlegt, um so mehr wird man sich von der Richtigkeit dieser Bemerkung überzeugen. Kein Gebot kann wirklich von Gott sein, das der Wahrheitsliebe entgegen ist. Und mit der Wahrheitsliebe ist es nicht im Einklang, wenn man sich absichtlich darüber täuscht, daß eine gewisse Annahme nicht voll gesichert ist, und jeden Zweifel, den neue Erwägungen aufkeimen lassen, wie eine Versuchung zum Bösen gewaltsam unterdrückt. Es ist dies eine Intoleranz gegen sich selbst, die um so verwerflicher ist, je mehr die Fragen, um die es sich handelt, zu den erhabensten gehören und für unser ganzes inneres und äußeres Leben Bedeutung haben. Gar viele große Geister haben infolge solcher gegen sich selbst geübten, inneren Intoleranz zu leiden gehabt und sind dadurch der zur Forschung nötigen Freiheit beraubt worden.

Dazu ist aber auch noch eine von der Kirche nach außen geübte Intoleranz getreten, welche zu ähnlichen Verfolgungen, wie sie einst von den Heiden, die ja auch den Glauben an ihre Götter als Pflicht hinstellten, über die Christen verhängt worden sind, geführt hat. Bei dieser äußeren Intoleranz setzte man sich allerdings insofern eine gewisse Schranke, als man zwischen denen, die zur Kirche gehören und nicht zu ihr gehören, unterschied; nur bei jenen sollten solche Gewaltmittel angewendet werden dürfen. Allein der Austritt aus der Kirche ward für schlechterdings untunlich erklärt, und der Eintritt, bestimmte man, sei durch den Akt der Taufe gegeben, der gewöhnlich schon an unvernünftigen Kindern, also ohne jede persönliche Einwilligung, vollzogen wird. Und auch wenn er an einer erwachsenen Person vollzogen worden war, welche dadurch einer

häretischen Gemeinde sich hatte zugesellen wollen, sollte
diese in der Art der Herrschaft des Papstes verfallen sein,
daß man sie unter Androhung von äußerer Gewalt zum
Bekenntnis des katholischen Glaubens zwingen könne.
Sollten die Unrecht haben, die in dem allen empörende
Eingriffe in die Gewissensfreiheit erblicken? Und was
soll es helfen, wenn die großen Kirchenlehrer zugestehen,
daß mit der Auffindung eines Widerspruchs die Pflicht
des Glaubens an ein Dogma entfalle, und trotzdem
ein Giordano Bruno, der nur deshalb, weil er einen
solchen in der Trinitätslehre gefunden habe, den Glauben
daran verweigerte, zum Flammentod verurteilt worden
ist? Darf man zur Verteidigung eines solchen Verfahrens
zwischen Fällen, wo wirklich ein Widerspruch besteht,
und solchen, wo einer nur irrigerweise von seinem Bestande überzeugt ist, unterscheiden? Oder ist es nicht
klar, daß alles darauf ankommt, ob die Überzeugung von
dem Bestande des Widerspruchs eine aufrichtige ist?
Dafür aber gibt doch schon die Bereitschaft zur Hin-
gabe des Lebens genugsam Zeugnis, und der Fall von
Giordano Bruno ist ein solcher, wo selbst das Aufgebot
aller scholastischen Subtilität den Schein der Absurdität
nicht zu beheben vermocht hat. So konnte er denn mit
gutem Recht seinen Richtern sagen, daß sie, indem sie
das Verdammungsurteil sprächen, mehr als er, indem er
es vernehme, sich vor dem ewigen Richter zu fürchten
Grund hätten.

Und was für andere Attentate gegen die Freiheit der
Wissenschaft sind nicht auch sonst noch begangen worden! Man hat das Werk des Kopernikus, welches
die Astronomie reformierte, auf die Liste der verbotenen
Bücher gesetzt und so den seiner Kirche gehorsamen
Gläubigen behindert, an diesem großen Fortschritt teil-
zunehmen; man hat durch Androhung der Folter Ga-
lilei dazu gebracht, die wahre astronomische Lehre
abzuschwören und dadurch Descartes in dem Maße
erschreckt, daß er eine von ihm darüber geschriebene
Abhandlung selbst vernichtet hat. Wenn man von Ga-
lilei erzählt, er habe nach Abschwörung der Bewegung
der Erde die Worte: „Und sie bewegt sich doch" hinzugefügt, so ist dies, zu seiner Ehre sei es gesagt, nicht

richtig, aber was er damals nicht sprach, spricht heute die ganze Welt. Die Vergewaltigung Galileis bildet einen stehenden Vorwurf gegen das kirchliche Gebaren, und daß die Vorsehung sie zuließ, scheint wahrlich nicht dafür zu sprechen, daß sie die Kirche in dem Licht einer vom Heiligen Geist erleuchteten, unfehlbaren Lehrerin erscheinen lassen wolle.

Ich glaube, das Gesagte genügt, um zu zeigen, wie die kirchliche Lehre von der Glaubenspflicht, die schon an und für sich als anstößig erscheinen mußte, auch durch die traurigen Folgen, die sich in der Kirchengeschichte daran geknüpft haben, als verwerflich erwiesen wird. Und so sehen wir denn, daß die kirchliche Lehre, trotz der hohen Anerkennung, die ihr im allgemeinen, sowohl wo sie von Gott, als auch wo sie von den sittlichen Geboten handelt, zu zollen ist, wenn man auf das einzelne mit Aufmerksamkeit eingeht, keineswegs geeignet ist, für die Berechtigung der Ansprüche der Kirche Zeugnis zu geben, sondern daß auch sie vielmehr zur Bekämpfung derselben neue Waffen liefert.

Wir haben eingehender als bei dem Nachweis anderer Fehler bei der Kritik der Lehre von der Glaubenspflicht verweilt und die empörenden Ungerechtigkeiten vor Augen gestellt, zu welchen sie geführt hat. Die Ehrfurcht, welche wir, wie ich bekenne, im allgemeinen der Kirche schulden, könnte daraufhin bei manchem Leser allzusehr beeinträchtigt werden, wenn ich unterließe, mit einem Wort darauf aufmerksam zu machen, wie sie nichtsdestoweniger ähnlich wie in anderen Fällen auch in der Lehre von der Glaubenspflicht sich mit etwas, was wirklich Pflicht und Tugend zu nennen ist, berührt.

Wir haben gesehen, daß sich der Mensch in seinem Urteil nicht einzig und allein von Gründen der Vernunft beeinflussen läßt. Oft ist dabei ein instinktiver Drang oder eine blinde Gewohnheit bestimmend, und oft bringen selbstsüchtige Begierden und leidenschaftliche Affekte die Vernunft zum Schweigen. Aristoteles in seiner Nikomachischen Ethik sucht nachzuweisen, daß eine solche Trübung der Einsicht in den Fällen, wo wir gegen unser Gewissen handeln, eigentlich immer gegeben sei. Und so mag auch eine Aufregung, in welche uns der Anblick

von Leiden und Ungerechtigkeiten versetzt, aller besseren
Einsicht entgegen, uns zu Zweifeln an der göttlichen
Vorsehung führen. Da gilt es denn wachsam zu sein,
damit solches Unheil vermieden werde. Und bei dem,
welcher sich so zu beherrschen weiß, daß nichts der Art
ihn an der erkannten Wahrheit irre werden läßt, kann
man wohl von einer Tugend sprechen, welche sich in
dem Festhalten an höheren Überzeugungen betätigt.
Diese hat sichtlich eine gewisse Verwandtschaft mit
der von der Kirche gepriesenen Tugend des Glaubens
und unterscheidet sich von ihr nur dadurch, daß sie
dazu führt, trotz allen Versuchungen an das sich zu
halten, was dem von der Vernunft festgestellten Verhältnis des Für und Wider entspricht, während die Tugend
des Glaubens, wie die Kirche sie lehrt, zu einer Abweichung von diesem Verhältnis durch parteiische Hinwendung nach der einen Seite führen soll. So haben
wir denn in der kirchlichen Lehre von der Glaubenspflicht zwar eine Forderung, welche in besonders auf-
fallender Weise die richtige Mitte verfehlt, immerhin
aber einen verdienstlichen Hinweis auf etwas, was als
eine wahrhaft schwerwiegende Pflicht und als eine hohe
und vielleicht nur von wenigen in ganzer Vollkommenheit erworbene Tugend zu bezeichnen ist.

Sogar das Wort Pascals „il faut s'embêter dans la
foi" bekäme auf die eben näher erklärte Überzeugungs-
treue bezüglich der erhabensten Erkenntnisse angewandt
einen guten Sinn, denn die Versuchungen dagegen, die
auf dem niederen Seelengebiet entspringen, werden nicht
so mächtig werden können, wenn zu der Einsicht auch
die Gewohnheit ihr entsprechend zu denken sich ge-
sellt. Alle Lehrer der Ethik erkennen an, daß die Tugend durch fortgesetzte Übung zur vollen Ausbildung
gelange.

28. Als zwölftes Argument dient Pascal der Hinweis
auf das Betragen der weltlich gesinnten Menschen. Sie kümmern sich nicht um das, was für jeden
von unleugbar höchster Bedeutung ist, wie z. B. um die
Frage eines jenseitigen Lebens. Diese Verblendung
scheint ihm so widernatürlich, daß sie sich nur aus der
Korruption, wie sie infolge des Sündenfalls eingetreten,

begreifen lasse, und denselben Charakter unbegreiflicher
Verblendung zeige ihr ganzes übriges Treiben.

Allein erscheint die Torheit der Menschen von heute
größer und unbegreiflicher als die, welche die Stammeltern im Paradiese bewiesen haben sollen, als sie von
der verbotenen Frucht aßen? Sie waren von der Erbsünde frei und nicht bloß ihrer Geisteskraft nach natürlich unversehrt, sondern auch übernatürlich hoch be-
gnadet. Keine Konkupiszenz war da, welche die Lockung
der Frucht und die Rede der Eva an Adam durch ihren
Liebreiz über das Maß verführerisch hätte machen können, und doch sollen sie erlegen sein. Muß man nicht
auch hier wieder sagen, daß an die Stelle von dem, was
einem unwahrscheinlich dünkt, nur eine noch ungleich
unwahrscheinlichere Annahme getreten sei?

Ferner ist es nach dem, was wir schon früher gesagt,
leicht erkennbar, daß Pascal sich hier nicht im geringsten
bemüht, Umschau zu halten, ob nicht die ihm befremdliche Erscheinung aus anderen Gründen begreiflich
wäre. Ich dächte doch, sie lägen nicht allzu fern. Wenn
es ihm unglaublich scheint, wie die Welt sich um so
gewichtige Interessen so gar wenig kümmere, so dürfte
er es doch nicht ähnlich unbegreiflich finden, wenn auch
der ernsteste, verständigste, philosophisch angelegte Geist
unter Umständen sich veranlaßt sieht, seine ganze Aufmerksamkeit auf Niederes zu konzentrieren. Er fände
sich z. B. vom Wege abgekommen, und es gälte, die
richtige Straße wieder zu gewinnen, oder er wandelte auf
einem schmalen Steg über einen Abgrund oder wäre in
dringendster Weise der Speise und des Trankes be-
dürftig, oder er sähe sich von Räubern angefallen und
müßte kämpfend sich ihrer wehren. Ohne Zweifel würde
hier jeder Gedanke an jene höheren Interessen zurücktreten. Ähnlich begreift es sich darum auch sehr wohl,
was Platon und Aristoteles sagen, daß es Zeiten
geben konnte, wo die Menschheit ganz von der Sorge
für das augenblicklich Notwendige, ja auch noch solche,
wo sie ganz von der für das augenblicklich Nützliche,
wie z. B. für die Ordnung der bürgerlichen Gesellschaft,
in Anspruch genommen war, so daß keine Muße blieb
für eine Hinwendung zu höheren Fragen. Und auch

das begreift sich, daß sich so Gewohnheiten bildeten, welche auch, wo eine freie Zeit für höhere Betrachtungen hätte übrig bleiben können, daran hinderten, sie in diesem Sinne zu verwenden. Auch kamen nicht alle in gleichem Maße dazu, und für die wenigen wurde dann leicht das Beispiel der Mehrzahl bestimmend. Verfolgt man diese Gedanken weiter, so wird es wohl nicht gar so unverständlich erscheinen, daß die Welt im Gegensatz zu einer kleinen Zahl von Auserwählten den höchsten Interessen nicht im Verhältnis zu ihrer erhabeneren Bedeutung Rechnung trägt.

Man wird dies um so leichter zugestehen, als man die Darstellung, die Pascal von der Sachlage gibt, in gar manchem Punkte als unzutreffend beanstanden muß. Pascal spricht, als ob jeder, der sich nicht um die das Jenseits betreffenden Fragen kümmere, überzeugt sein müsse, daß, wenn es ein solches gebe und er nicht dafür Sorge trage, ein ewiges Unheil für ihn in sicherster Aussicht stehe. Allein, so ist es ja nicht. Beim Eintritt in dieses Leben hatten wir in nichts dafür vorgesorgt, und doch fanden wir gar vieles für uns vorbereitet. Auch unsere irdische Zukunft erscheint uns nicht in jeder Beziehung durch uns selbst gesichert, und doch finden wir dann vielfach alles, dessen wir bedürfen, gegeben. Man müßte also geradezu auf die Drohungen der kirchlichen Lehre Rücksicht nehmen und sagen, daß sie so fürchterlich seien, daß der Mangel an Nachdenken über ihre Gültigkeit als unbegreiflicher Leichtsinn erscheine. Allein, gerade das Übermaß dieser Drohungen ist wenig geeignet, sie wahrscheinlich zu machen. So käme denn einer um den anderen dazu, sie nicht allzu ernst zu nehmen, und die immer neu aufkeimenden Sorgen für die nächsten Bedürfnisse des Lebens könnten, wie auch die Parabel vom Sämann sagt, dieses Interesse im Keim ersticken.

Es kommt noch anderes hinzu. Die Philosophen haben sich vielfach mit dem Problem beschäftigt, wie es überhaupt zu einer Sünde kommen könne, d. h. wie es geschehen könne, daß einer das von dem Verstand als das Bessere Erkannte in seiner Bevorzugung und Wahl hinter dem als minder gut Erkannten zurücksetze, und die hervorragendsten unter ihnen, wie namentlich Aristoteles, sprachen sich dahin aus, daß dieses nie ohne eine gewisse augenblickliche Verdunkelung des Verstandes geschehe. Er möge sich dann wohl noch des früher erkannten sittlichen Gebotes erinnern, aber die eigentliche aktuelle Einsicht in die Vorzüglichkeit bestehe doch nicht. So wenn die Aufregung einer Begierde oder zornigen Aufwallung uns hinreißt. In der Tat hat man vom Zorn gesagt, daß er ein Zustand vorübergehender Verrücktheit sei, und auch von einem Verliebten sagt man oft, er sei vernarrt; so lassen denn die Affekte, die der Mensch mit dem Tier gemein hat, die spezifisch menschliche Vernunft nicht genügend zu Worte kommen. Spinnt sich eine höhere Überlegung an, so wird diese von dem Ansturm der Leidenschaft durchbrochen.

Nun mag vielleicht Pascal erwidern, gerade dies könne ohne einen krankhaft korrupten Zustand nicht geschehen; allein was hindert, das, was er als Verfallserscheinung deutet, vielmehr als eine niedere Stufe aufsteigender Entwicklung und Erziehung zu fassen, oder, wo es sich um hochgradige Fälle handelt, auch als Folge einer Entartung durch eigene schlechte Gewohnheit und das in ähnlicher Weise wie die eigene Gewöhnung wirkende schlechte Beispiel anderer?

So wäre denn, wenn Pascal das Betragen der Welt zum Stützpunkt eines Beweises machen wollte, vielmehr darauf zu achten, wie denn das, was er hier Welt nennt, von dem übrigen Teil der Menschen abgegrenzt erscheint. Würden sich die Christusgläubigen durch die Gnade von ganz neuen Kräften beseelt zeigen, so daß, was die sittlichen Gebote erheischen, ihnen in der Art zum Gesetze ihrer Natur geworden wäre, daß sie keine andere Neigung fühlten, als die, welche dem Sittengesetz entspricht, dann würde ihr Betragen und das Betragen der Welt im Gegensatz zu ihm allerdings eine sehr bedeutungsvolle Erscheinung sein. Bei Paulus finden sich Worte, die einen solchen Gegensatz zwischen christgläubigen und anderen Menschen behaupten und betonen. Um so vernichtender muß also die Beobachtung wirken, daß die Christenheit keineswegs ein solches sie auszeichnendes erbauliches Beispiel gibt. Von dem auserwählten Volke

im alten Bunde hatte P a u l u s selbst zugestanden, daß
es sich in seinem Betragen gar nicht von den Heiden
unterscheide und darum auch wegen seiner Ungerechtigkeit nicht minder als diese der Verdammung würdig sei.
Die Christen aber, meinte er, würden sich hier ganz
anders verhalten, infolge der durch den Glauben an
Christus erlangten Erneuerung. Seltsam genug ist es ihm
dabei ganz und gar entgangen, daß die alten Juden ja
ebenfalls schon christusgläubig waren, indem sie ihn
als kommenden Messias erwarteten, und daß er darum
seine ganze Lehre von der durch den Glauben eingegossenen Kraft durch den Nachweis von der gleich-
mäßigen Ungerechtigkeit, die sich bei denen, die unter
dem Gesetz und außer dem Gesetz standen, findet, selbst
zum voraus widerlegt habe. Die Geschichte, die darauf
folgte, hat nur eine neue Bestätigung dafür geliefert.

Dies dürfte hier genügen, zumal ich schon im Voraus-
gehenden manches im besonderen geltend gemacht habe,
wie z. B. daß sich ein Nachweis der sakramentalen
Gnadenwirkung in keiner Weise erbringen läßt. Ich
habe angegeben, wie eine statistische Untersuchung hinsichtlich der durch die Taufe empfangenen Gnade leicht
angestellt werden könnte. Ich zweifle, ob selbst gläubige
Christen hier auf ein günstiges Ergebnis hoffen würden.
Hinsichtlich der häufigen Kommunion hat die Kirche in
ihrer Praxis mehrfach gewechselt. Pius X. begünstigte
sie, so daß selbst Kinder von sieben Jahren zu täglicher
Kommunion zugelassen wurden. (Dabei könnte man fragen, warum nicht in Rücksicht auf die ex opere operato
zu erwartende Gnade sogar eine mehrmalige tägliche
Kommunion noch empfehlenswerter sein sollte. Jede neue
Gnadenerhöhung würde ja zu einer vollkommeneren Disposition führen). Dem war zur Zeit des heiligen B e r n -
h a r d die Praxis der Kirche in dem Maß entgegengesetzt,
daß man selbst den Klosterfrauen mit strenger Klausur
nicht gestattete, mehr als drei- oder viermal im ganzen
Jahre, an den allerhöchsten Festtagen, zu kommunizieren.
Was hat zu diesen Umwandlungen geführt? Offenbar
das Verlangen nach größerer Gnadenwirkung. Und so
liegt in der Tatsache des Wechsels ein Beweis dafür,
daß man weder mit dem einen noch andern Verfahren

zu einem sichtlich günstigen Ergebnis gelangt war. Die natürlichen Mittel der Unterweisung durch Lehre und Beispiel, durch Übung und Erziehung unter Anwendung von Lohn und Strafe werden durch immer neue Erfahrungen als wirksam bestätigt. Wie bedeutsam muß es also erscheinen, daß jene Wirkungen eingegossener Gnade sich gar nicht merklich machen, zumal dieselbe, wie man meinen sollte, wenn überhaupt, sich ungleich mächtiger erweisen müßte. Wer an sie glaubt, kann auch nicht ohne Erstaunen einen heiligen T h o m a s v. A q u i n o sagen hören, daß niemand, was immer für ein tugendhaftes Leben er führe, ohne ausdrückliche göttliche Offenbarung wissen könne, ob er im Stande der Gnade sei; denn damit erscheint doch offenbar zugestanden, daß es kein Werk gebe, welches nur für den Begnadigten möglich, für die bloß natürlichen Kräfte aber zu schwierig sei.

29. Hiermit haben wir den ganzen Kreis der von Pascal zusammengestellten Beweisgründe durchlaufen. Der W u n d e r finden wir dabei keine Erwähnung getan, ausgesprochenermaßen darum, weil er selbst der Meinung war, daß das Argument beanstandet werden könne. Warum aber dies? Sollen wir in diesem Bekenntnis nicht etwas finden, was der Glaubhaftigkeit der Evangelien, die über so viele Wunder berichten, und insbesondere auch der Auferstehung, deren Tatsächlichkeit Paulus als so äußerst wichtig geltend macht, abträglich ist? — Man kennt das Argument D a v i d H u m e s ', daß, so unwahrscheinlich an und für sich ein falsches Zeugnis erscheinen möge, die Wundertatsache noch immer viel unwahrscheinlicher genannt werden müsse. Hat vielleicht ein ähnlicher Gedanke schon Pascal vorgeschwebt? Oder hat er erkannt, daß, die Tatsache des Wunders zugegeben, die Folgerung der Wahrheit der christlichen Lehre noch keineswegs völlig gesichert sei, indem es die Providenz aus gar mannigfach verschiedenen Rücksichten zu einer für uns höchst auffallenden Erscheinung kommen lassen und auch eine an sie geknüpfte Täuschung providentiell herbeiführen könne, ohne ihrer Wahrhaftigkeit etwas zu vergeben? Wenn Gott einen tötet, ist er kein Mörder, wenn er ein Haus

durch einen Blitz entzündet, ist er kein Brandstifter,
und wenn er einen täuscht, kein Betrüger. Daß man
ihn auch dann nicht so nennen könnte, wenn er zu solcher
Täuschung eines Wunders sich bediente, ist leicht erkennbar. Es gibt denn auch Wunderlegenden, in welchen
Gott durch die halluzinatorische Vorspiegelung eines
falschen Scheins einen Verfolger davon abhält, sich an
einem heiligen Manne zu vergreifen. Ja, die Schrift
selbst führt Beispiele vor, wo Gott durch das, was er
einem seiner Diener verkündet, ihn mit Absicht auf
eine irrige Meinung bringt, wie z. B. Abraham auf den
an ihn ergangenen Befehl hin, Isaak zu opfern, nicht
anders glauben konnte, als daß der Tod seines Sohnes in
der Absicht Gottes gelegen sei. Ähnlich verkündigt Jonas
im Namen Gottes, daß Ninive untergehen werde, was
sich dann doch nicht bewahrheitete.

Eine wunderbare Heilung der Nichte Pascals durch
Berührung mit einem Dorn, der zur Leidenskrone Jesu
gehört haben sollte, brachte ihn später dazu, sich ein-
gehend mit der Bedeutung der Wunder zu beschäftigen.
Er verfocht die Ansicht, daß man dieses wundersame
Ereignis, welches im Kloster von Port Royal zur Heilung
einer Person führte, die man mitsamt dem ganzen
Klosterpersonal der Häresie verdächtigt hatte, als göttliches Zeugnis für die Reinheit ihres Glaubens betrachten müsse. Die Kirche hat dies aber ebensowenig getan,
als einst die Schriftgelehrten die von Jesus vollbrachten
Heilungen als einen solchen Beweis gelten lassen wollten.
Immerhin war in diesem Fall ihre Ablehnung der Folgerung anders motiviert. Daß das Wunder nicht von Gott,
sondern von dem bösen Feinde gewirkt worden sei,
konnte man, wo die Heilung sich an die Berührung des
Dornes aus der Krone Christi geknüpft hatte, nicht wohl
sagen. Dagegen benützte man eben diesen Umstand, um
zu erklären, daß das Wunder nur zur Ehre des Leidens
Christi und zum Zeugnis für die Echtheit der Reliquie
providenziell geordnet sei und zu der Frage nach der
Reinheit des Glaubens der Person, an der es sich vollzogen habe, in keinerlei Beziehung gebracht werden müsse.

Doch auch wenn sich dieser Ausweg nicht geboten
hätte, ist es nach den allgemeinen Grundsätzen, nach

welchen die Kirche über ein angebliches Wunder, das mit einer Lehre in Verbindung steht und für sie als göttliche Offenbarung Zeugnis geben soll, unzweifelhaft, daß sie sich nicht in einem dem Jansenismus günstigen Sinn dadurch hätte beeinflussen lassen. Sie stellt nämlich als vornehmste Regel auf, daß man vor allem zu prüfen habe, ob die betreffende Lehre mit keiner, die bereits als göttliche Offenbarung feststehe, sich im Widerspruch finde. Sobald ein solcher nachgewiesen sei, müsse allem Schein zum Trotz schlechterdings in Abrede gestellt werden, daß es sich hier um ein wahres göttliches Wunder handle. Auch Pascal berührt diesen Grundsatz und mißbilligt ihn nicht, indem er dazu bemerkt, daß wie das Wunder für die Göttlichkeit einer gewissen Offenbarung, auch die Offenbarung für die Göttlichkeit eines gewissen Wunders als Kriterium dienen könne.

Wer dieses Prinzip konsequenter anwenden will, wird beachten müssen, daß uns auch in den Aussprüchen der natürlichen Vernunft göttliche Offenbarungen zu teil werden, und daß diese allen andern vorangehen. Er wird dann auch bei der Prüfung der Wunder, die für die christliche Lehre als göttliche Offenbarung geltend gemacht werden, vor allem untersuchen, ob diese Lehre mit den Einsichten der natürlichen Vernunft in vollkommenem Einklang sich finde. Und stieße man hier auf einen Widerspruch, so verlöre aller Schein der Bestätigung durch ein göttliches Wunder seine Bedeutung. Das ist denn auch, wie ich schon gelegentlich hervorhob[15]), von den angesehensten Lehrern der Kirche ausdrücklich zugestanden worden. Aber darin mit ihnen einig, können wir nicht zugeben, daß in den Dogmen nirgend ein Widerspruch aufgewiesen worden sei. Im Gegenteil liegt ein solcher oft in ganz eklatanter Weise vor, und kein Aufgebot des Scharfsinns hat je ihn in den Fällen, auf die ich schon hinwies, auch nur im mindesten zu schwächen vermocht. Darauf also hätte Pascal achten müssen, wenn er die Wunder zugunsten der christlichen Offenbarung verwerten wollte, während er tatsächlich ganz und gar seine Augen davor verschließt.

---

[15]) „Über voraussetzungslose Forschung". Anonym. Münchner N. N. 573, 13. Dez. 1901.

30. Leibniz kommt einmal auf Pascals Pensées zu sprechen. Ohne gerade Ungünstiges darüber zu sagen, bemerkt er doch, daß er selbst tiefer über die betreffenden Fragen nachgedacht habe und darum glaube, ein vielleicht einmal von ihm in der gleichen Absicht zu schreibendes Buch werde ihr besser dienen. Bis zu einem gewissen Grade verfolgt er in seiner Theodicée wirklich denselben apologetischen Zweck, und aus ihr läßt sich erkennen, wie ganz anders die von ihm geschriebenen Pensées sich gestaltet haben würden. Das Geistreiche und Glänzende der Pascalschen Darstellungsweise hätte er ihnen nicht zu geben vermocht, aber dafür hätte er manchen schweren Fehler vermieden. Wir hätten ihn nicht als Pyrrhoniker die Vernunftbeweise für Gott und Unsterblichkeit und für das natürliche Sittengesetz geringschätzig behandeln sehen, und auch einer Untersuchung, wie die scheinbaren Widersprüche in den kirchlichen Dogmen zu lösen seien, hätte er sich nicht entschlagen. Aber daß er in befriedigender Weise diese Aufgabe gelöst haben würde, dürfte keiner behaupten, welcher auf die Art und Weise blickt, wie er gelegentlich in der Theodicée solche Versuche anstellt.

Da stößt er z. B. auf die Schwierigkeiten des Trinitätsdogmas. Den Arianismus, den damals englische Theologen und mit ihnen auch Newton erneuerten, mißbilligt er, weil nach der Heiligen Schrift alles, was gemacht ist, durch den Sohn Gottes gemacht ist, und somit, wenn dieser für ein Geschöpf erklärt, einem Geschöpf schöpferische Kraft zugeschrieben werden würde. Aber wie vereinigt er dann die Lehre, daß es nur einen Gott gebe, mit der, daß sowohl der Vater als der Sohn und der Heilige Geist Gott seien, während doch keiner von diesen der andere sein soll? Er findet kein anderes Auskunftsmittel als das, daß der Name „Gott“ hier aequivok gebraucht werde, und daß, wenn man sage, es gebe nur einen Gott, das Wort „Gott“ etwas anderes bedeute, als wenn man sage, der Vater sei Gott oder der Sohn oder der Heilige Geist sei Gott. Der Widerspruch erscheint dann allerdings in dem Dogma behoben, aber sein überlieferter Sinn preisgegeben.

Auch an die Inkarnationslehre wagt er sich
heran und bedient sich dabei folgenden Mittels: wenn
zwei Dinge in Vereinigung träten, sagt er, so geschehe
dies nicht immer in gleich inniger Weise; da nun, wo
die Verbindung zwischen zwei Dingen die innigst mögliche sei, pflegten wir sie in concreto voneinander zu
prädizieren. So sagten wir z. B., ein lebendes Wesen
sei ein Mensch, weil Leben und Menschheit hier auf die
denkbar innigste Weise vereinigt, und wieder, ein Baum
sei groß, weil die Natur des Baumes und die Größe auf
die denkbar innigste Weise verbunden seien. Nun gebe
es auch eine innigst mögliche Verbindung zwischen
einer Kreatur und Gott, und da diese zwischen der
Menschheit Jesu und der Gottheit gegeben sei, seien
wir berechtigt zu sagen, der Mensch Jesus sei Gott.
Wir sehen, daß Leibniz, indem er die Verbindung von
Gottheit und Menschheit in Jesus als die innigst mögliche bezeichnet, sich gegen jeden Vorwurf sicherstellt,
als habe er Unmögliches und Absurdes von der Vereinigung der beiden Naturen in einer Person behauptet.
Allein ebenso klar ist es aller Wahrheit entgegen, daß wir
in jedem Fall, wo die Verbindung zwischen zwei Dingen
die innigst mögliche ist, das eine von dem andern in concreto
prädizierten. Man denke z. B. an die denkbar innigste
Verbindung zweier chemischer Elemente; niemand wird
daraufhin in concreto das eine Element das andere
nennen. Oder an die innigst mögliche Verbindung eines
Geistes mit einem Körper; niemand wird daraufhin in
concreto den Geist von dem Körper und umgekehrt prädizieren. So ist denn auch hier der ganze eigentümliche Sinn
des Dogmas preisgegeben, um die kirchliche Lehre von
der Beschuldigung der Absurdität freisprechen zu können.
   Auch auf die Lehre von der Eucharistie geht
Leibniz ein und möchte sie im Sinne der Augsburger
Konfession als annehmbar hinstellen. In einem Briefe an
den Jesuiten P. Bosse will er aber diesem plausibel
machen, daß auch die katholische Fassung des Dogmas
recht wohl gegen den Vorwurf der Absurdität verteidigt
und auch mit der Annahme seiner Monadenlehre vereinigt werden könnte. Man wird ihm auch hier keinen
glücklicheren Erfolg zuzuerkennen vermögen.

Das katholische Dogma läßt die Substanz des Brotes
und Weines in den Leib und das Blut Jesu, die sich im
Himmel befinden und dort einen entsprechenden Raum
erfüllen, verwandelt werden, die Akzidenzien des Brotes
und Weines aber ohne substantielles Subjekt fortdauern
und beim Brechen des scheinbaren Brotes und der Bewegung des scheinbaren Weines alles das erfahren, was
sie, wenn die Substanzen von Brot und Wein noch fort-
beständen, erfahren haben würden. Der Leib und das
Blut Jesu, die im Himmel sind, sollen von dem Momente
an, in welchem die Substanzen von Brot und Wein durch
die Umwandlung in sie zu bestehen aufgehört haben,
an dem Orte sein, wo die Akzidenzien zurückgeblieben
sind, und sie bei ihrer Bewegung von Ort zu Ort begleiten. Dies aber soll nicht in der Art geschehen, daß
diese Akzidenzien jetzt Akzidenzien des Leibes und
Blutes Christi geworden wären, und es sollen auch der
Leib und das Blut Christi nicht in der Art an dem Orte
sein, wo die Akzidenzien sich finden, wie gemeiniglich
Körper einen Ort einnehmen, sie sollen vielmehr in ihm
sein, ähnlich wie Gott in ihm ist, ganz im Ganzen und
ganz in jedem Teil.

Die Vernunft kann nicht anders, als sich gegen diese
Lehre sträuben. So gewiß es wahr ist, daß in dem Be-
griff des Akzidenz der der Substanz im allgemeinen beschlossen ist, so gewiß ist die Behauptung, daß ein
Akzidenz ohne Substanz bestehe, widersprechend. Und
so gewiß, als es zum Begriffe jeder Umwandlung von
etwas in ein anderes gehört, daß das, worin es verwandelt wird, nicht bereits wirklich ist, so gewiß
widerspricht es, daß die Substanz von Brot und Wein in
die bereits wirkliche Substanz des Leibes und Blutes
Jesu verwandelt werden soll. Was wäre, wenn das
Dogma Wahres lehrte, nach der Umwandlung in die Substanz des Leibes und Blutes Christi neu gegeben?
Nicht diese Substanz, sondern eine akzidentelle Bestimmung, die sie neu empfangen hätte, und infolge deren
wir nun sagen könnten, sie sei hier. Man hätte also vielmehr von der Umwandlung von Substanzen in Akzidenzien zu sprechen. Nur weil dies als absurd erscheint, hat
man unterlassen, es zu tun. Aber ist der Gedanke einer

Umwandlung in etwas, was schon besteht, einer Umwandlung, aus der sich gar nichts neu ergibt, nicht ebenso absurd? Wenn nicht, warum sollte etwas nicht auch in solches, was schon von Ewigkeit besteht, verwandelt werden können und eine Umwandlung aller kreatürlichen Substanzen in die Substanz Gottes selbst noch undenkbar sein? So der Substanz nach in Gott verwandelt, könnte die ganze Welt dann ihr akzidentelles Dasein weiterführen, und wir selbst, der Substanz nach zu Gott geworden, könnten als akzidentell Denkende und Begehrende noch zurückbleiben, und von diesen akzidentell Denkenden müßte keines durch den Entfall seiner Substanz behindert sein, das psychische Leben weiter zu führen. Dies ist mehr als genügend und läßt jede weitere Verfolgung der Kritik des Dogmas in alle seine Einzelheiten als überflüssig erscheinen. Leibniz aber hat nicht einmal dies wenige präzisiert, geschweige daß man von dem Gelingen seines Versuchs, die so auffälligen Widersprüche zu lösen, reden könnte.

So muß man ihm denn zwar prinzipiell darin recht geben, daß die Apologetik vor allem darauf auszugehen habe, die Dogmen durch Lösung der scheinbaren Widersprüche gegen den Vorwurf der Absurdität zu schützen, muß aber zugleich von ihm sagen, was von Pascal gesagt worden ist, daß, wer von seinen Argumenten Kenntnis nimmt, nicht sowohl bei der von ihm angestrebten, als bei der ihr entgegengesetzten Überzeugung endigen wird.

31. Die Pensées von Pascal bieten kein abgeschlossenes Ganzes. Er starb zu früh, um das Werk plangemäß zur Vollendung zu führen. Bis zu dem Augenblick, wo der Fortschritt seiner Krankheit jede weitere Arbeit unmöglich machte, hatte er neue Gedanken hinzugefügt und immer im gleichen Sinne. Es blieb ihm erspart, das Irrige, was darin lag, zu erkennen. Was wäre wohl geschehen, wenn ihm diese Erkenntnis geworden wäre? Es ist zu fürchten, daß die Einsicht in die Unhaltbarkeit dessen, was er zugunsten des positiven Glaubens gesagt hatte, ihn nicht dazu geführt haben würde, die Bedeutung der Vernunftbeweise für das Dasein Gottes und andere erhabene Wahrheiten gerechter zu würdigen, son-

dern daß er einem Atheismus und hoffnungslosen Pessimismus verfallen wäre, der ihn so unglücklich, ja noch unglücklicher hätte werden lassen als den italienischen Dichter L e o p a r d i, mit dem er sowohl durch seine formelle Begabung als durch seinen Scharfsinn verwandt erscheint. Auch das hat er mit ihm gemein, daß er nach langem schmerzlichen Leiden schon im Alter von 39 Jahren starb. Dies Leiden mochte bei beiden eine Neigung zu trüber Melancholie begünstigen, aber wie ganz anders hat Pascal als Leopardi sich ihren Anfechtungen gegenüber zu behaupten vermocht! Der Vergleich beider Männer zeigt Pascal unermeßlich im Vorteil, und dies macht uns anschaulich, von wie hohem Wert jene erhabenen Wahrheiten sind, welche die natürliche Weisheit unvermischt und rein für sich, unsere Volksreligion aber zwar mit manchen Zutaten vermengt und einigermaßen verunreinigt, doch immer noch in solcher Weise enthält, daß die Seele sich daran zu laben und die tröstlichsten Hoffnungen daraus zu schöpfen fähig ist.

Nietzsche als Nachahmer Jesu.

Darf man Nietzsche und Jesus in einem Atem nennen, eine belletristisch schillernde Eintagsfliege und einen Religionsstifter, der mächtig wie kein anderer in die Geschichte der Menschheit·eingegriffen hat? Der eine bietet einen Wirrwarr, bei dem es erstaunlich ist, wie ihm selbst die Widersprüche verborgen bleiben konnten, der andere eine harmonische Lehre, bei welcher e i n Gedanke das Ganze durchdringt und belebt. Der eine gebietet, ganz dem Diesseits, der andere, ganz dem Jenseits sich als seinem Ziele zuzuwenden. Der eine ruft zum Kampfe aller mit allen und zur Unterdrückung der Schwachen durch die Starken; der andere zum Frieden in der allgemeinen Nächstenliebe und zur barmherzigen Hilfeleistung und Befreiung auf. Der eine predigt die Umwertung aller Werte, d. h. er will, was die ganze Vorzeit gut genannt hat, schlecht genannt wissen und umgekehrt, während der andere sagt, daß er nicht gekommen sei, um die bisher geltenden sittlichen Gesetze aufzuheben, sondern um sie zu bestätigen und in volleres Licht zu setzen. So hat denn der eine auch das Zeugnis der ganzen Menschheit gegen sich, während sie dem anderen in der Brust eines jeden ein gewisses Zeugnis gibt und am vornehmlichsten in denen, welche nach allgemeinem Urteil als die Edelsten zu verehren sind. Und so hat es sich denn auch gefügt, daß der eine sich in seinen letzten Stunden in Geistesnacht befangen zeigte, der andere hingegen nie leuchtender und herrlicher erschien als in dem Augenblick seines Scheidens und in den Stunden grausamster Mißhandlung, die ihm vorangingen.

Wer bei solchen Gegensätzen noch von Ähnlichkeit sprechen wollte, würde nicht anders als lächerlich erscheinen können, und auch Nietzsche selbst müßte sich empört gegen ihn erheben, da er ja Jesus mit erniedrigenden Schimpfreden überschüttet und ihn den größten

Esel nennt, während er selbst als der genialste aller Genialen angestaunt werden will.

Und doch ist er es zugleich selbst, der sich jener Lächerlichkeit schuldig macht. Mehr und mehr gefällt er sich darin, die von Jesus für sich in Anspruch genommenen, sowie die von der Nachwelt ihm zuerkannten auszeichnenden Beinamen für sich in Anspruch zu nehmen oder zu weissagen, daß man sie dereinst ihm zuerkennen werde. Jesus sollte das Licht sein, welches in der Finsternis leuchtete, Nietzsche schildert sich selbst als eine Überfülle des Lichts, die fort und fort nach allen Seiten Strahlen entsendend, eben darum von keiner Seite Licht zu empfangen fähig sei. Zwischen Jesus und der übrigen Menschheit sollte ob seiner Gnadenfülle ein unermeßlicher Abstand sein; Nietzsche denkt sich ähnlich durch den weitesten Abstand von allen anderen getrennt, in seiner Erhabenheit einzig und in der Art vereinsamt, daß eine Freundschaft, die ja immer eine gewisse Gleichheit erfordert, mit niemand mehr für ihn möglich ist. Von Jesus wird berichtet, daß er nicht wie die Schriftgelehrten und Pharisäer, vielmehr wie einer, der da Macht hat, gesprochen habe. Er verlangte Glauben, und dabei handelte es sich um ein Gebot, das sich an den Willen richtete, so daß von diesem die Zustimmung bedingt erschien. Nietzsche will zur Empfehlung seiner Lehre nicht wie andere die Gelehrsamkeit zu Hilfe nehmen, über die er mit Geringschätzung sich äußert, und auch die Mittel der Dialektik verschmäht er; nicht argumentieren will er, sondern befehlen. Jesus wird als der Wendepunkt der ganzen Geschichte angesehen, weshalb man für passend gefunden hat, alle Ereignisse zeitlich mit Bezug auf den Tag seiner Geburt zu bestimmen; Nietzsche erklärt, daß der Geburtstag seines Zarathustra es sei, nach welchem man künftig die Zeitrechnung zu ordnen habe. Jesus glaubt, daß er vor allen eine providenzielle Sendung habe, daß in ihm die Fülle der Zeiten gekommen. So nennt Nietzsche sich selbst ein „Schicksal" und glaubt ganz offenbar, daß kein anderer Mann jemals gekommen sei oder kommen werde, der in gleichem Sinne ein Mann des Schicksals zu nennen sei, wie er. Jesus scheut

sich nicht, den Namen eines Gottes sich beizulegen;
Nietzsche kommt dazu, auch hierin ihn nachzuahmen,
indem er sich des Namens des Dionysos, ja geradezu
des Namens Gott für würdig erklärt. Jesus sieht in sich
den Erlöser der Welt, der als Sühnopfer für sie zu leiden
hat; auch Nietzsche kommt dazu, sich einen solchen
Erlöserberuf zuzuschreiben, und wenn er seinen Freun-
den vorwirft, daß keiner von ihnen begriffen habe,
warum er fort und fort krank und mit Leiden behaftet
sei, so gibt er unzweideutig zu verstehen, daß dieses
Leiden mit seiner Auserwählung zum Erlöser der Welt
zusammenhänge. So kann man denn auch nicht allzusehr befremdet sein, wenn er in den zuletzt an B r a n d e s
und O v e r b e c k geschickten Telegrammen sich geradezu
als „der Gekreuzigte" unterzeichnet. Nietzsche fordert
die Umwertung aller Werte, und wir machten darauf
aufmerksam, daß hierin sein voller Gegensatz zu Jesus
recht sichtlich hervortrete; und dennoch könnte auch
hier zugleich eine Analogie zu einer Forderung, die
Jesus gestellt, gefunden werden. Nicht eine Umwertung der Werte, eine Verkehrung von dem, was als
sittlich zu preisen und als unsittlich zu brandmarken
sei, verlangte er; wohl aber fordert auch er eine gänz-
liche Umkehr, indem er fand, daß die Menschen in ihrem
Wollen und Handeln sich nicht nach dieser ihrer
besseren Einsicht richteten, sondern von ihren niederen Trieben leiten ließen und von dem Weg zum
wahren Heil abirrend den Weg des Verderbens wan-
delten. So kommt er denn dazu, in seinen Selig-
preisungen gerade das, was die Menschen, wo es sie
trifft, gemeiniglich als schweres Unglück beklagen, als
etwas vor allem Segenbringendes hinzustellen. Er preist
die Armen selig und die Trauernden und die Unrecht-
leidenden und die, welche um ihres Edelsinns willen
gehaßt und verleumdet und verfolgt werden, sowie auch
die, welche der sinnlichen Lust entsagen und, wo es
sich um einen Ehrenplatz handelt, zurücktreten, um ihn
den ehrgeizig danach Strebenden friedlich zu überlassen.
Hat man es hier nicht wirklich mit etwas zu tun, was
der Umwertung aller Werte bei Nietzsche ähnlich genannt werden kann?

Ein Prophet vor allen anderen Propheten wollte Jesus und wollte auch Nietzsche sein. Und wir sehen, daß dieser in gar vielfacher Beziehung in dem, was die Art seines Auftretens anlangt, den anderen sich zum Vorbild nimmt. Doch wird dabei alles zur Karikatur, und wenn das Wort Jesu, daß seine Kirche einem Senfkörnlein gleiche, das zum mächtigen Baum erwachsen den Vögeln des Himmels unter seinen Zweigen Wohnung gibt, zur Wahrheit geworden ist, so hat es sich für Nietzsche gefügt, daß seine Lehre von der Mitleidlosigkeit des Übermenschen schon in kürzester Frist drastisch widerlegt war, indem er selbst, wie kaum ein anderer, auf das Mitleid sich angewiesen sah, und das weibliche Geschlecht, auf das er immer mit Verachtung herabgeblickt, es war, welches in liebevollster Pflege des von seinem göttlichen Thron in den tiefsten Abgrund Gestürzten sich erbarmte.

Anhang.

urze Darstellung der christlichen Glaubenslehre.

Kurze Darstellung der christlichen Glaubenslehre.[1])

1. Gott ist ein unmittelbar notwendiges, unendlich vollkommenes Wesen.

2. Dieses Wesen ist individuell eines, besteht aber in drei Personen. „Person" bedeutet hier das individuelle Wesen, insofern es erstes Subjekt von Prädikaten sein kann.

3. Für die drei Personen besteht eine Ordnung. Der Gott in erster Person macht, daß der Gott in zweiter Person besteht, und der Gott in erster und zweiter Person machen, daß der Gott in dritter Person besteht. Der erste Prozeß wird Zeugung oder Sprechen, der zweite Hauchung oder Liebe genannt, und daraufhin heißt die erste Person Vater, die zweite Sohn oder Wort, die dritte Heiliger Geist. Auch spricht man von einer Analogie zu unserem Geist, wenn er sich selbst denkt und liebt. Indem er sich denke, bringe er sich als Geisteswort, und indem er sich liebe, bringe er durch dieses Geisteswort sich selbst als Geliebten in sich hervor. Man sagt ja, der Denkende habe das Gedachte in sich und der Liebende trage den Geliebten in seinem Herzen.

4. Der dreipersönliche Gott, in sich vollkommen, bedarf der Welt nicht, er gewinnt nichts durch die Welt und würde darum ebenso vollkommen sein, wenn er keiner Welt oder einer anderen, sei es besseren, sei es minder guten, das Dasein gäbe.

5. Aber sein allmächtiger Wille ist von Ewigkeit unveränderlich dahin entschieden, daß eine bestimmte Welt zu einer bestimmten Zeit beginne und nach einem von ihm geordneten Verlauf zu einer ewigen Vollendung gelange. Alles, was sie betrifft, ist von Gott von Ewigkeit bis ins kleinste vorherbestimmt.

[1]) Entnommen einem unvollendeten Werke Brentanos, das unter dem Titel „Philosophischer Versuch über die Religion", seine Religionsphilosophie enthalten sollte.

6. Gott hat als erste Welturssache keine Mitursache, und darum heißt Gott der Schöpfer der Welt.

7. Daß er die Welt will und sie schafft, ist eine Tatsache, aber keine Notwendigkeit. Und wenn, daß Gott die Welt will, eine ewige Tatsache ist, so ist, daß er sie schafft, eine zeitliche Tatsache, indem ja der ewige Ratschluß, dem die Welt ihr Dasein verdankt, darauf, daß die Welt in einer bestimmten Zeit ihren Anfang nehme, gerichtet ist.

8. Die Welt ist e i n e, sie ist ein vielgegliedertes Kunstwerk, wobei jeder Teil wegen des Ganzen ist.

9. Der Weltverlauf ist ebenso in allen Teilen meisterhaft geordnet, wobei die früheren Entwicklungsstufen wegen der späteren und alle wegen des abschließenden Zustands höchster Vollendung sind. Dieser kann solcher Vorbereitungen nicht entbehren. Sein Charakter wäre ohne die Beziehungen zur vorausgegangenen Entwicklung, die ja zum Teil Beziehungen der Belohnungen zum Verdienst und der Bestrafungen zur Schuld sind, ein anderer.

10. Aber noch eine andere teleologische Unterordnung außer derjenigen der Teile der vollendeten Welt zum Weltganzen und der vorbereitenden Stufen der Weltentwicklung zum vollendeten Weltzustand besteht in der Welt. Es gibt in der Welt höhere und niedere Teile wegen des Ganzen. So sind die niederen wegen der höheren und namentlich des allerhöchsten unter ihnen da.

11. Dieser unvergleichlich höchste Teil der Welt ist eine Kreatur, die mehr als Kreatur ist, indem Gott sie würdigt, sie mit seiner eigenen Natur zur Einheit einer Person zu verbinden. Wie in Gott eine Natur in drei Personen besteht, so bestehen infolge dieser hypostatischen Union zwei Naturen in einer Person.

12. So kann denn von dieser Kreatur in Wahrheit gesagt werden, sie sei Gott.

13. Doch da es sich hier um Gott, insofern er Person ist, handelt, so ist damit, daß gesagt wird, diese Kreatur sei Gott, und Gott sei diese Kreatur geworden, nicht gesagt, daß diese Kreatur jede der drei göttlichen Personen sei, und daß es ebensowohl von dem Vater als von dem Sohn und von dem Heiligen Geist gesagt werden

könne, er sei diese Kreatur. Vielmehr ist die hypostatische
Union der kreatürlichen und göttlichen Natur in der Art
verwirklicht, daß der Sohn Gottes allein diese Kreatur
geworden und also auch diese Kreatur nur Gottsohn,
nicht aber Gottvater oder Heiliger Geist zu nennen ist.

14. Die Kreatur, die in solcher Weise vor allen ausgezeichnet wird, ist ein Mensch, also eine teilweise
geistige, teilweise körperliche Kreatur, welche als teilweise körperlich den rein geistigen Kreaturen nachstehen
würde, wenn sie nicht durch die hypostatische Union
mit der Gottheit und andere daran geknüpfte wunderbare Begnadigungen hoch über sie alle erhoben worden
wäre. Gerade die Auserwählung eines Individuums aus
der niedrigsten Spezies, welche an Geistigem teilhat,
zur Einheit mit der Person des Sohnes Gottes ist geeignet, die ganze Bedeutung dieser Begnadigung als
solcher am auffälligsten hervortreten zu lassen. Nicht
die Natur, sondern die Gnadengabe ist es, die sie zum
Gegenstand höchster Verehrung macht.

15. In der vollendeten Welt wird diese Kreatur wie
das Haupt des ganzen Weltorganismus erscheinen. Und
für den ganzen geschichtlichen Verlauf ist die Rücksicht
auf sie und ihre höhere Verherrlichung maßgebend. Sie
zeigt sich hier als Held im Kampfe für das Gute, das
sich uns im Endzustand als vollverwirklicht darstellt.
Und alles, was sich in der Geschichte selbst vor ihrer
Geburt und nach ihrem Tode ereignet, ist danach angetan, ihren Sieg und Triumph glorreicher erscheinen
zu lassen.

16. Blicken wir zunächst auf die Vorgeschichte. Gott
hatte im Anfang außer der körperlichen Welt auch reine
Geister, und wohl in nicht geringerer Menge als die
Körper, geschaffen. Sie waren von verschiedenem Rang,
aber sämtlich von höherer Natur als der Mensch. Gott
ließ es zu, daß ein großer Teil dieser reinen Geister,
auch Engel genannt, und unter ihnen sogar der, welcher
den höchsten Rang einnahm, aus Hochmut sich wider
ihn empörte, worauf er zur ewigen Qual der Hölle
verdammt wurde, während die treu gebliebenen mit der
ewigen Seligkeit in der Anschauung Gottes belohnt
wurden.

17. Die Verdammung zur Hölle schloß aber nicht aus, daß jene mächtigen Geister das Vermögen behielten, auf den irdischen Verlauf der Dinge Einfluß zu nehmen und Unheil zu stiften[2]).

18. Die Folgen davon wurden alsbald sichtbar. Gott hatte am sechsten Schöpfungstage den ersten Menschen geschaffen und aus seiner Seite das erste Weib gebildet, durch welches er zum Stammvater des ganzen menschlichen Geschlechts werden sollte. Beide waren natürlich tadelloser Bildung und ein Paradies ihnen zum Aufenthalt und Eigentum verliehen. Auch dem Leibe nach unsterblich und durch hohe geistige Gnadengaben ausgezeichnet, hätten sie fortfahren können, darin zu wohnen, und die von ihnen erzeugten Kinder hätten dann auch an diesen teil gehabt, denn durch eine weitere übernatürliche Fügung sollte durch die Zeugung mit dem natürlichen Leben auch diese ganze Fülle höherer Gaben von dem Stammvater auf die unmittelbaren und mittelbaren Nachkommen übergehen. Aber durch die List des Teufels wurde das Weib und durch sie der Mann verführt. Und dies hatte die Folge, daß nicht bloß sie aus dem Paradiese vertrieben und der Unsterblichkeit und der Gnade Gottes beraubt wurden, sondern der Fluch Gottes erstreckte sich auf das ganze nachfolgende Geschlecht. Der Stammvater hatte nicht bloß für sich, sondern stellvertretend für alle gesündigt, so daß alle im Stande der Ungnade und dem Tod und einer bösen Begierlichkeit unterworfen geboren wurden. Das ist die Lehre von der Erbsünde, nach der, wie der Apostel sagt, alle in einem gesündigt haben.

19. Da geschah es nun aber, daß mit der Gerechtigkeit bei der Verhängung so schwerer Strafen sich zugleich auch die Barmherzigkeit Gottes offenbarte. Der gefallenen Menschheit wird ein Erlöser versprochen. Ein Samen des Weibes wird der Schlange den Kopf zertreten. So wird der Erlöser eine neue Quelle höheren

---

[2]) Vergleiche die Meinung gewisser Kirchenväter, der Anlaß zum Abfall der Engel sei die Verkündigung der göttlichen Absicht gewesen, sie einem vor allen Geschöpfen begnadigten und geradezu zum Gott erhobenen Menschen zu untergeben. Die Beziehung auch dieses Ereignisses zu Christus träte dadurch noch besonders klar hervor.

Lebens sein. Wie der Ungehorsam Adams, so wirkt auch
sein Gehorsam in gewisser Weise stellvertretend für alle,
die natürlich von Adam abstammen. Denn dem, welcher
an ihn glaubt, gereichen seine Verdienste zum Heil. Und
schon von dieser ersten ihn weissagenden Offenbarung
an kann die Menschheit mit gläubigem Verlangen auf
ihn hinblicken.

20. Fragen wir nach der teleologischen Bedeutung
von allem Vorerzählten, so ist klar, wie dadurch dem
Gottmenschen in der Geschichte als Vorkämpfer des
Guten ein höherer Glanz verliehen wird. Er ja ist jener
Same des Weibes, von dem hier geweissagt wird. Wenn
Adam nicht gesündigt hätte, ja wenn er selbst hypostatisch mit der Gottheit vereinigt gewesen wäre, so hätten
wir in diesem Gottessohn wohl die Quelle von Gnade,
nicht aber den Erlöser von Ungnade, von einem Fluche,
der uns alle getroffen, zu erblicken. Er erschiene als
einer, der uns zwar zu Höherem erhebt, aber nicht aus
einem Abgrunde tiefsten Verderbens.

21. Und nicht bloß der vorausgegangene Fall Adams,
sondern auch der vorausgegangene Fall der mächtigsten
Engel ist etwas, was den Sieg des kommenden Gottmenschen glorreicher erscheinen lassen muß, ist doch
ein Sieg um so glorreicher, je mächtiger der Feind ist,
den man überwindet. Und nun sehen wir außer der
verderbten Neigung des Menschen auch die ganze Macht
der Hölle gegen den Erlöser wirksam.

22. Ein anderer Teil der Engel freilich ist treu geblieben, und wir hören später wiederholt davon, daß
auch er nicht müßig ist, wie wenn Gabriel Maria die
Botschaft bringt. Ja, es wird davon gesprochen, daß
jedem ein Schutzengel zur Seite stehe. Aber in anderer
Weise ist auch dieses nur geeignet, die Großtaten des
Erlösers in hellerem Lichte strahlen zu lassen. Denn
die Dienste der Engel selbst scheinen ganz untergeordnet
neben dem, was der Gottmensch als der wahre Erlöser
für uns erringt, und daß keiner von allen diesen Kreaturen höherer Natur, ja auch ihre Gesamtheit nicht imstande war, zu vollbringen, was der Gottmensch leistet,
läßt die Größe seiner Tat durch Messung an einem neuen
Maßstab noch mehr würdigen.

23. Doch verfolgen wir weiter den Lauf der Geschichte. Hatten die Stammeltern in ihrem unversehrten Zustand der Versuchung nicht widerstanden, ja, waren beide so schmählich gefallen, so ist es nicht zu verwundern, wenn die durch die Begierlichkeit geschwächte Menschheit nun in den häufigsten Fällen mit neuen Sünden sich befleckt, so daß es verhältnismäßig wenige sind, welche Gott und seine Verheißungen vor Augen haben und die Wege der Gerechtigkeit wandeln. Schon von den Söhnen Adams wird A b e l durch K a i n ermordet, und zur Zeit N o a h s war außer diesem Gerechten und seinem Hause das ganze Menschengeschlecht so verderbt, daß Gott, es durch eine Sündflut vertilgend, die Erde von ihm reinigt.

Und abermals häufen sich die Frevel. Der Götzendienst nimmt allenthalben überhand, bis Gott sich in A b r a h a m, dem er ebenso wie Noah in neuen Offenbarungen sich kundgibt, den Stammvater eines auserwählten Volkes, welches der besondere Träger der Verheißungen wird, erwählt. Vieles wird uns über die weitere Geschichte dieses Volkes von A b r a h a m, I s a a k und J a k o b bis zu M o s e s und den Richtern, von diesen bis D a v i d und S a l o m o n und weiter hinauf erzählt. Immer neu und mannigfach ergänzend weisen göttliche Offenbarungen auf den kommenden Erlöser hin, aber einmal empfängt dieselben nur ein auserwählter kleiner Kreis, und dann zeigt auch das so ausgezeichnete Volk eine ganz überwiegende Vorherrschaft des Bösen, so daß, da auch außerhalb Israels Menschen, die nach ihrem Gewissen zu leben suchen, nicht ganz fehlen, allgemein gesprochen, die Sünde gleichmäßig in und außerhalb desselben von Adam bis auf das Erscheinen des Gottmenschen nur noch mächtiger und greuelvoller sich entwickelt hat. Unmittelbar nach S a l o m o n fallen auch von den zwölf Stämmen Israels zehn von dem rechtmäßigen Königshaus und der gottbestellten Weise des Opferdienstes ab und verlieren sich in der assyrischen Gefangenschaft. Auch die beiden übrig gebliebenen, im Reiche Juda vereinigt, werden zur Strafe für viele Frevel in die babylonische Gefangenschaft geführt und kommen, da sie nach siebzig Jahren aus ihr zurück-

kehren, alsbald unter fremde Botmäßigkeit. Die Weissagungen selbst verstummen für einige Jahrhunderte.

24. Gewiß ist das alles geeignet, die hohe Wohltat
noch mehr ins Licht zu setzen, welche nun durch die
Geburt des Gottmenschen der Welt gewährt wird. Wie
ich schon sagte, er erscheint nicht bloß als ein Quell des
Segens, sondern zugleich als ein Erlöser vom Fluche,
und die ganze Geschichte überschwellend anwachsender
Greuel zeigt, wie tief die Erniedrigung ist, in die der
Fall der Stammeltern die Menschheit gebracht hat.

25. Das alles also ist in seiner providentiellen Zulassung vornehmlich in Rücksicht auf den helleren Glanz
zu begreifen, in dem es den Gottmenschen als Erlöser er-
strahlen läßt. Und wie in diesem Stücke, so zeigt sich
dieselbe Rücksicht auch noch in vielen anderen. Wenn
der Gottmensch von A d a m und von anderen sündhaften
Menschen — wie ja auch der König D a v i d und sein Sohn
S a l o m o n sich durch greuliche Verbrechen entehrten —
herstammt, so doch nur seiner Mutter nach. Sie emp-
pfängt ihn als Jungfrau, vom heiligen Geist überschattet.
Ja, auch dieses Gefäß, das die Gottesfrucht aufnehmen
soll, wird als voll der Gnaden geschildert. Schon im
ersten Momente ihres Daseins war ihre Seele von der
Erbschuld befreit geblieben. Auch ertönt die Stimme des
Rufenden in der Wüste. J o h a n n e s der Täufer, selbst
größer als alle vorausgegangenen Propheten, weist auf
den Gottmenschen Jesus als denjenigen hin, dem er nicht
würdig sei, die Schuhriemen aufzulösen, und in dem das
Reich Gottes den Menschenkindern nahe. Auch eine
Macht ist ihm als Lehrer eigen, wie sie keinem anderen
gegeben ist, und eine Fülle von Wundern gibt für ihn als
den Gottgesandten Zeugnis.

26. Das alles freilich hindert nicht, daß die Vorsteher
des Volkes, vom bösen Feind verführt, sich ihm wider-
setzen, und daß er, dem Gericht der Römer überliefert,
den Kreuzestod erleiden muß. Aber gerade in diesem
Tode liegt die stellvertretende Sühnung, und die Weise,
wie er ihn und alle vorausgegangenen Schrecknisse und
Mißhandlungen erleidet, zeigt seine Tugend nur noch
wunderbarer, so daß nichts so sehr wie ihre Betrachtung
dazu antreibt, ihm in seinen edlen Handlungen nachzueifern.

27. Und nun erfolgt die Befreiung der Vorväter in der Hölle, denen jetzt die Türe zur Seligkeit erschlossen wird, die glorreiche Auferstehung, die Himmelfahrt, die Sendung der Geistesgaben am Pfingstfest, welche die zagenden Apostel in mutige Verkünder des Evangeliums verwandelt und sie, welche Kinder des gemeinen Volkes, ungelehrte Fischer sind, befähigt, als Apostel die ganze Welt mit der Predigt des Heils zu erfüllen. Die gebildete Hellenenwelt lauscht ihrer Lehre. Was Jesus während dreier Jahre in einem unscheinbaren Winkel der Erde verkündet hat, erweist sich als mächtiger als alle Wissenschaft und Philosophie. Das Wort vom Senfkörnlein, das zum Baume wird, der alle Völker überschattet, wird mehr und mehr zur Wahrheit. Schwache Jungfrauen erleiden den Märtyrertod und siegen sterbend über die, welche ihnen den Tod geben. Das römische Reich bricht zusammen, die Gemeinschaft der an Christus Gläubigen, als Kirche organisiert, überlebt aber die Völkerwanderung. Die Fürsten der neuen Staaten und ihre Völker unterwerfen sich der christlichen Lehre und kirchlichen Hierarchie, und in beiden Geschlechtern ist die Saat Christi fruchtbar an Heiligen. Nicht bloß der Glaube an den Gottmenschen, auch anderes wird Mittel zur Mitteilung hoher Gnaden, so insbesondere die vom Gottmenschen eingesetzten Sakramente, in deren einem er selbst mit Fleisch und Blut unsichtbar gegenwärtig ist und unter der Gestalt des Brotes und Weines, die die Gläubigen leiblich empfangen, sie der Seele nach nährt und tränkt.

28. Wohl dauern die Verfolgungen fort. Seine Anhänger sollen ihm ähnlich werden auch durch Leiden und Tod. Seufzend harren sie seiner Wiederkunft entgegen, der unmittelbar eine noch verschärfte Versuchung und Verfolgung durch den Antichrist vorausgehen wird. Dann aber erscheint er, der Gottmensch, in aller seiner Herrlichkeit zum allgemeinen Weltgerichte. Seine wahren Anhänger werden dann von der großen Zahl der Gottlosen geschieden, dem Leibe nach verklärt und unsterblich geworden, mit ihm in einer erneuten Welt Gott von Angesicht zu Angesicht schauen und die ewige Seligkeit genießen.

29. Und wie in ihrer überschwänglichen Seligkeit die Größe des errungenen Sieges sich offenbart, so auch in

der Fülle der Leiden, welche die Gegner Christi, ebenfalls mit unsterblichen Leibern auferstanden, auf ewig mit den verdammten Engeln teilen werden, deren Macht die Guten anzufechten nunmehr ihr Ende gefunden hat.

30. So ist der Z u s t a n d d e r V o l l e n d u n g der Welt erreicht, um des willen die ganze vorausgegangene Entwicklung gewollt ist. In ihm ist nicht bloß das Ganze für die Teile maßgebend (denn die Verdammung der Gottlosen hebt, wie der Schatten das Licht, die Seligkeit der im Guten Vollendeten. Und die Zulassung ihres Verderbens läßt die Rettung der Auserwählten noch mehr als freie Gabe würdigen), sondern insbesondere auch, was da von Licht und Schatten erscheint, geeignet, zur Glorie des triumphierenden Gottmenschen beizutragen. Hier sieht man seine treuen Anhänger beglückt, dort seine Feinde auf ewig gefesselt und der härtesten Strafe überantwortet. Er ist der König aller Geister, der Engel wie der Menschen. Die Guten und die Bösen sind gleichmäßig seinem Zepter untergeben. Er ist der Mittelpunkt, um welchen sich die ganze Welt bewegt, und in bezug auf den alles in seiner Eigenart gerechtfertigt erscheint.

31. Blicken wir noch einmal auf die Geschichte zurück, so zerfällt sie in zwei große Abschnitte, die Zeit bis zu seiner Geburt und die Zeit bis zu seiner Wiederkunft am jüngsten Tag. Die Zeit vor seiner Geburt weist prophetisch auf diese hin. Sie spricht von dem kommenden Reiche, und es kommt, indem er erscheint. So heißt der Augenblick mit Recht die Fülle der Zeiten. Und nicht bloß W o r t e der Offenbarung sind in jener Vorzeit prophetisch, sondern der ganze Verlauf der E r e i g n i s s e hat einen vorbildlichen Charakter. Die Opfer des Tempels verbildlichen das Opfer, das der Gottmensch zur Sühnung der Welt am Kreuze bringt. Die Scheidung des auserwählten Volkes von allen übrigen erscheint als Vorbild der in der Kirche Vereinigten, von deren Gemeinschaft die Menge der Heiden ausgeschlossen ist. Die Scheidung innerhalb des auserwählten Volkes selbst, wo zehn Stämme von der gottgesetzten Obrigkeit abfallen, zeigt vorbildlich die Spaltungen, die auch in der von Christus gegründeten Kirche eintreten. Die Schei-

dung von weltlicher und geistlicher Gewalt, deren eine
in dem Könige und deren andere in dem Hohenpriester
gipfelte, erscheint erneuert, indem Christus die welt-
liche Herrschaft bestehen läßt und nur die kirchliche
ihr zur Seite stellt. Wie neben dem König der Hohe-
priester, so erscheint neben dem Kaiser als kirchliches
Oberhaupt der Stellvertreter Christi, der Nachfolger Petri.
Und wenn in der vorchristlichen Zeit auch im auserwählten Volke die Bösen nicht fehlten, so wiederholt sich
auch hierin das Schauspiel in der von Christus gegründeten Kirche. Die Guten leiden da wie dort durch
die Schlechten, was ihnen aber nur Gelegenheit wird,
ihrem Meister ähnlicher zu werden, der ja auch durch
die Bösen gelitten hat. Und da wie dort gleichen sie ihm
auch, indem sie mitwirken zum Guten, aber sie tun es
dank der Kraft, die sie von ihm empfangen, so daß dadurch sein eigenes Wirken nicht geringer, sondern nur
größer erscheint.

Wie die erste Ankunft Christi, so ist auch, und in noch
vollkommenerer Weise, seine zweite der Augenblick, wo
das Reich Gottes den Kindern der Erde zukommt. Es
ist die Fülle der Zeiten im eminenten Sinne des Wortes.
Hat doch jetzt erst aller Kampf aufgehört, und im ewigen
Frieden ist die Vollendung gegeben. Auf diese zweite
Fülle der Zeiten weist ebenfalls bereits die vorchrist-
liche Zeit, aber noch mehr die nachchristliche prophetisch hin, und der Zustand der Vollendung ist nicht bloß
in apokalyptischen Worten, sowie in solchen, welche
schon Christus selbst gesprochen, sondern auch in Ein-
richtungen und Geschehnissen prophetisch dargestellt.
Statt des Stellvertreters Christi erscheint im Himmel-
reiche Christus selbst als Oberhaupt, und wenn es in
der Kirche eine hierarchische Ordnung gibt, so bestehen
auch im Himmel Rangstufen, und nicht jedem, der zur
Seligkeit gelangt, ist es vergönnt, zur Rechten oder
Linken neben dem ewigen Könige zu thronen. Auch
bleibt der Gegensatz zwischen Guten und Bösen bestehen, und die einen wie anderen tragen zur Vollkommenheit des Ganzen und zur Verherrlichung des
Gottessohnes bei. Hier, indem sie durch die Macht der
Verfolgung und Anfechtung das Verdienst der Guten
mehren, dort, indem sie zu ewiger Ohnmacht und Pein

verdammt ähnlich zur Glorie des Gottmenschen beitragen wie die besiegten Feinde, die mit Ketten belastet
im Triumphzuge aufgeführt werden. Weilt in der Zeit
der Vollendung Christus selbst seiner Menschheit nach
unter den Seinigen und labt er sie durch seine Nähe,
so will er auch schon vor seiner Wiederkunft unter ihnen
sein und ihnen ein Labsal werden, indem er im Altar-
sakrament mit Fleisch und Blut, Leib und Seele, Menschheit und Gottheit gegenwärtig ist.

In jeder der drei Zeiten, der vor der Geburt und der
nach ihr, vor der zweiten Ankunft Christi und wieder
in der nach dem jüngsten Gericht strömt Licht und
Gnade von ihm aus, aber in jeder folgenden in reicherer
Fülle. Und so sagt zwar Paulus, daß Abraham durch
den Glauben gerechtfertigt worden sei, aber im allgemeinen schildert er doch die Zeit vor Christus als eine
solche, wo das auserwählte Volk „ein Gesetz des Todes"
empfangen habe, weil die durch Moses gegebene Kenntnis des Unrechts nicht sowohl seine Übertretung hint-
angehalten, als dieselbe schuldbarer gemacht habe. Nun
aber habe Christus durch seinen Sühnungstod uns das
„Gesetz der Gnade" gegeben, d. h. eine Erneuerung und
Verklärung unseres natürlichen Strebens, welches jetzt
uns dahin dränge, das, was den Geboten Gottes gemäß
ist, aus Liebe zum Guten zu tun. Eine unvergleichliche
Fülle von Heiligen tritt auf, und viele fromme Seelen vereinigen sich in Genossenschaften zur Betrachtung und
zu Werken der Nächstenliebe. Wenn vor der Geburt
Christi Wunder geschehen sind, so doch nach ihr, durch
ihn selbst, noch mehr und wunderbarere, und seinen
Jüngern sagt er, daß auch sie Wunder, und noch größere
als er selbst, vollbringen würden. Wer zweifelnd fragt,
ob dem wirklich so sei, wird die bejahende Antwort
finden, wenn er einfach auf die Ausbreitung des Christentums hinblickt. Wie wenige hatte Christus selbst für
seine Kirche gewonnen, aber nach ihm hat sie sich
wirklich zum Baum erhoben, der die ganze Erde überschattet, und schon Augustinus hat gesagt, daß, wenn
dies ohne Wunder geschehen wäre, die Tatsache in sich
selbst als das größte aller Wunder angesehen werden
müßte. Und ähnlich wie die Ausbreitung der Kirche ist

die Entwicklung der Glaubenslehre zu einem gewaltigen
dogmatischen Gebäude, in dem alles harmonisch geblieben ist, aus dem Keime weniger Aussprüche erfolgt,
die von Christus nicht einmal eine schriftliche Aufzeich-
nung gefunden hatten, sondern in dem Gedächtnis einiger
ungebildeter Fischer niedergelegt worden waren. So
sehen wir hier die Folge des seiner Kirche verheißenen
Beistandes des Heiligen Geistes. Die scharf formulierten
Dogmen späterer Zeit, wenn auch alle in den Aussprüchen Christi selbst beschlossen, hätten doch seine
unmittelbaren Jünger nicht einmal in ihrem Sinne sich
verständlich machen können.

So gewährt Christus seiner Kirche eine Mitwirkung bei
seinem Werke und erscheint doch, indem er dies tut,
nicht minder als dessen ganzer Werkmeister, ja durch
die Würde und Ähnlichkeit mit sich selbst, die er durch
die so gewählte Weise der Ausführung den Seinigen gibt,
noch mehr als Gnadenspender und als der, welcher sich zu
ihnen wie das Haupt zu den Gliedern, wie der Weinstock
zu den Reben verhält. Es wiederholt sich hier der Gedanke, der für die christliche Weltanschauung maßgebend ist, daß das Werk Gottes nicht minder ganz als
sein Werk erscheint, weil er seine ganze Vollendung
unter Vermittlung des Menschen Christus sich vollziehen
läßt, und daß Gott seine Schöpfung um so großartiger
erscheinen läßt, je mehr er sie in einem zu ihr gehörigen
Gliede selbst zu ihrer Verwirklichung mitwirken läßt.

Wie nun aber so in der zweiten Periode Licht und
Gnade in ungleich höherer Fülle gegeben sind, so ist
abermals ein mächtiger Zuwachs in der Zeit der Vollendung zu erkennen, wo der Glaube zum Schauen wird
und eine ewig wache selige Liebe alle Glieder der Kirche
mit Christus und seinem Vater aufs lebendigste vereinigt.
Folgerichtig steht diesem Zuwachs der Vollkommenheit
auch ein Zuwachs und eine Vollendung der Nacht und
Bosheit gegenüber. Und der Kontrast zwischen gut und
böse, Segen und Fluch, der schon in der ersten und
zweiten Periode das Gute noch mehr zu heben diente,
zeigt sich darum auch dann im vollendeten Sinne in
gleicher Weise wirksam.

Namen- und Sachregister

www.ingramcontent.com/pod-product-compliance
Lightning Source LLC
Chambersburg PA
CBHW021149160426
42812CB00078B/276